O selo DIALÓGICA da Editora InterSaberes faz referência às publicações que privilegiam uma linguagem na qual o autor dialoga com o leitor por meio de recursos textuais e visuais, o que torna o conteúdo muito mais dinâmico. São livros que criam um ambiente de interação com o leitor – seu universo cultural, social e de elaboração de conhecimentos –, possibilitando um real processo de interlocução para que a comunicação se efetive.

[automação da produção:
uma abordagem gerencial]

ROBSON SELEME
ROBERTO BOHLEN SELEME

EDITORA intersaberes

Rua Clara Vendramin · 58 · Mossunguê · CEP 81200-170
Curitiba · Paraná · Brasil ·Fone: [41] 2106-4170
www.intersaberes.com · editora@editoraintersaberes.com.br

Conselho editorial

Dr. Ivo José Both (presidente)

Dr.ª Elena Godoy

Dr. Nelson Luís Dias

Dr. Neri dos Santos

Dr. Ulf Gregor Baranow

Editora-chefe [Lindsay Azambuja]

Supervisora editorial [Ariadne Nunes Wenger]

Analista editorial [Ariel Martins]

Preparação de originais [Jassany Omura Gonçalves]

Capa [Denis Kaio Tanaami]

Projeto gráfico [Raphael Bernadelli]

Diagramação [Ariel Martins]

Iconografia [Danielle Scholtz]

[
Dados Internacionais de Catalogação na Publicação (CIP)
(Câmara Brasileira do Livro, SP, Brasil)

Seleme, Robson
    Automação da produção: uma abordagem gerencial/
Robson Seleme, Roberto Bohlen Seleme. Curitiba:
InterSaberes, 2013. (Série Administração da Produção).

    Bibliografia.
    ISBN 978-85-65704-79-3

    1. Administração da produção 2. Administração de
empresas – Automação 3. Automação industrial I. Seleme,
Roberto Bohlen, 1963. II. Título. III. Série.

12-07562   CDD-658.14

        Índices para catálogo sistemático:
    1. Automação da produção: Administração de empresas
        658.14.
]

1ª edição, 2013.
Foi feito o depósito legal.

Informamos que é de inteira responsabilidade dos autores a emissão
de conceitos.

Nenhuma parte desta publicação poderá ser reproduzida por qualquer
meio ou forma sem a prévia autorização da Editora InterSaberes.

A violação dos direitos autorais é crime estabelecido na Lei
nº 9.610/1998 e punido pelo art. 184 do Código Penal.

[sumário]

Apresentação [8]

Como aproveitar ao máximo este livro [10]

1 evolução e conceitos básicos da automação [13]

1.1 Evolução histórica da tecnologia da automação [15]
1.2 Indústrias e manufaturas [18]
1.3 Tipos de produção [20]
1.4 Funções da produção [22]
1.5 *Layout* da planta (arranjo físico) [26]
1.6 Estratégias de automação [30]

2 previsão de demanda e produtividade na automação [39]

2.1 Comportamento da demanda [41]
2.2 Previsão [44]
2.3 Produtividade [56]

3 qualidade e custos na automação [65]

3.1 Conceitos fundamentais de produção [67]
3.2 Custos na automação [68]
3.3 Qualidade na automação [73]
3.4 Avaliação da qualidade na automação [75]

4 elementos da automação [83]

4.1 Automação [85]
4.2 Componentes da automação [85]
4.3 Automação da produção [86]
4.4 Tipos de automação [86]
4.5 Razões para automatizar [88]
4.6 Cuidados a serem considerados no processo de automação [90]
4.7 Impactos da automação [91]

5 processos de transformação [95]

5.1 Tecnologias e processos [97]
5.2 Tecnologias de processamento [98]
5.3 Tipos de processos de transformação [99]

6 tecnologias de automação industrial [105]

6.1 Máquinas e equipamentos de automação [107]
6.2 Sistemas automatizados de produção [112]
6.3 Redes industriais [117]

7 tecnologias da automação de informação e serviços [129]

7.1 Sistemas de automação de informações e de consumidores [131]

8 mecanismos de comando e controle [139]

8.1 Mecanismos de comando [141]
8.2 Tipos de sinais [143]
8.3 Características de diferenciação para comandos [145]
8.4 Comando Numérico Computadorizado – CNC [148]
8.5 Controlador Lógico Programável – CLP [149]
8.6 Controle e usos de ar comprimido [152]
8.7 Sensores e acessórios para automação [155]

9 robótica [161]

9.1 Produtividade na robótica [163]
9.2 Anatomia de robô [163]
9.3 Configurações mais comuns de robôs [165]
9.4 Sistemas de controle de robô [166]
9.5 Precisão e repetibilidade [167]
9.6 Sensores em robótica [169]
9.7 Classificação de robôs pelo uso [170]

10 gestão da manutenção industrial [175]

10.1 Gestão da manutenção industrial [177]
10.2 Conceitos básicos de manutenção [178]
10.3 Organização da manutenção [182]
10.4 Responsabilidades da manutenção [183]
10.5 Manutenção terceirizada [184]
10.6 Projetando um sistema de manutenção [184]
10.7 Vantagens da manutenção [185]
10.8 Planejamento e gerenciamento da manutenção [186]
10.9 Políticas de manutenção [189]

estudos de caso [193]
para concluir... [199]
lista de ilustrações [201]
referências [203]
respostas [207]
sobre os autores [213]

*Às pessoas que amamos
e, em especial, aos nossos
filhos Alan, Karla, Nacif,
Ronan, Yhan, Jorge e Sâmia.*

[apresentação]

Esta obra visa atender aos estudantes dos cursos de gestão e engenharias. O conteúdo envolve o âmago da vida empresarial, demonstrando a relação desta com os mais diversificados elementos da gestão atual. Procuramos abordar as necessidades de gestão para a automação nas organizações sem descaracterizar a visão humanista. Com isso, pretendemos tratar de forma clara e objetiva as técnicas de automação da produção.

O conteúdo foi estruturado em dez capítulos. Há momentos em que ultrapassamos os limites teóricos da gestão para, desse modo, atingirmos detalhes específicos da automação da produção, tendo em vista um maior dimensionamento dos assuntos da área. O primeiro capítulo refere-se às origens da automação, apresentando seus precursores, bem como introduz você, leitor, no conjunto dos elementos essenciais à compreensão das necessidades da produção. Consideramos, além disso, as estratégias que devem ser utilizadas ao ser adotada a automação da produção.

O segundo capítulo procura demonstrar a importância das previsões e determinações das capacidades produtivas, assim como relacionar os elementos que traduzem conceitos de produtividade, mostrando que o aumento desta é uma das metas mais almejadas quando se deseja automatizar. São apresentados nesse mesmo capítulo alguns modelos de previsões que podem ser utilizados por gestores.

O terceiro capítulo considera a qualidade e sua avaliação para melhorar a automação, bem como apresenta diversas ferramentas para a aplicação de qualidade; como diferencial produtivo, avalia os impactos de custos e de investimentos, compreendendo os aspectos analisados nas micro e macroeconomias das organizações.

O quarto capítulo introduz o leitor, de modo mais consistente, no contexto da automação: conceitos, componentes e tipos; discute, inclusive, os impactos da automação na indústria. Já o quinto capítulo demonstra a necessária distinção entre as tecnologias de processo e suas características.

Tanto o sexto como o sétimo capítulo são destinados à apresentação de equipamentos e dispositivos utilizados na automação. O primeiro diz respeito ao processamento das matérias-primas e aos modos de comunicação, representados pelas redes industriais com os diversos dispositivos e sistemas de automação; o segundo, ao processamento dos consumidores e às informações. O oitavo capítulo foi reservado para os mecanismos de comando e de controle que suportam os sistemas automatizados. Para a robótica dedicamos o nono capítulo e, finalmente, no último capítulo, apresentamos a gestão da manutenção industrial, tão necessária para a automação dos sistemas e da produção.

Este livro ainda contempla exercícios ao final de cada capítulo para a verificação do aprendizado, abordando temas instigantes para a realização de pesquisas.

Nossos mais sinceros agradecimentos aos nossos colegas de profissão pelo incentivo na elaboração desta obra e pelas sugestões da equipe editorial, que muito nos auxiliaram.

[Como aproveitar ao máximo este livro]

Este livro traz alguns recursos que visam enriquecer o seu aprendizado, facilitar a compreensão dos conteúdos e tornar a leitura mais dinâmica. São ferramentas projetadas de acordo com a natureza dos temas que vamos examinar. Veja a seguir como esses recursos se encontram distribuídos no decorrer desta obra.

- *Conteúdos do capítulo*
  Logo na abertura do capítulo, você fica conhecendo os conteúdos que nele serão abordados.

- *Após o estudo deste capítulo, você será capaz de:*
  Você também é informado a respeito das competências que irá desenvolver e dos conhecimentos que irá adquirir com o estudo do capítulo.

- *Pense a respeito!*
  Aqui você encontra reflexões que fazem um convite à leitura, acompanhadas de uma análise sobre o assunto.

- *Questões para revisão*
  Com estas atividades, você tem a possibilidade de rever os principais conceitos analisados. Ao final do livro, o autor disponibiliza as respostas às questões, a fim de que você possa verificar como está sua aprendizagem.

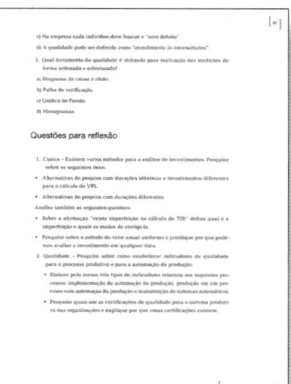

- *Questões para reflexão*
  Nesta seção, a proposta é levá-lo a refletir criticamente sobre alguns assuntos e trocar ideias e experiências com seus pares.

- *Para saber mais*
  Você pode consultar as obras indicadas nesta seção para aprofundar sua aprendizagem.

- *Síntese*
  Você dispõe, ao final do capítulo, de uma síntese que traz os principais conceitos nele abordados.

- *Estudos de caso*
  Esta seção traz ao seu conhecimento situações que vão aproximar os conteúdos estudados de sua prática profissional.

1 evolução e conceitos básicos da automação

Conteúdos do capítulo:
- *Resumo da evolução histórica da tecnologia da automação;*
- *Conceitos básicos sobre tipos de indústrias e seus arranjos produtivos;*
- *Estratégias básicas dos sistemas produtivos na automação.*

Após o estudo deste capítulo, você será capaz de:
- *compreender a história da evolução da produção;*
- *entender os tipos de produção;*
- *identificar as funções dos sistemas produtivos;*
- *identificar e analisar o* layout *dos sistemas produtivos;*
- *compreender as estratégias utilizadas pela automação na produção.*

Neste capítulo, procuramos fornecer a você uma síntese da evolução histórica da tecnologia da automação, bem como apresentar os principais conceitos sobre os tipos de indústria e os modelos e arranjos para a produção. Consideramos também as estratégias básicas utilizadas nos sistemas produtivos.

1.1 Evolução histórica da tecnologia da automação

Em meados do século XVIII – alavancada pela descoberta da máquina a vapor por James Watt – ocorreu a Revolução Industrial, que, evidentemente, foi o motivo maior para a mudança de um sistema produtivo baseado na manufatura* para um processo mecânico – por meio da indústria mecânica, com a inserção de máquinas, que aumentavam o rendimento do trabalho e a produção. Esse fato foi um salto qualitativo e tecnológico observado muldialmente de forma irreversível e crescente. As diversas descobertas, em conjunto com a mecanização, também fortaleceram essa mudança.

A utilização de máquinas na indústria têxtil e a mecanização de outros setores fizeram irromper a produção em série com a aplicação de diversas tecnologias. Surgiu a indústria de grandes produtos e equipamentos, incrementados pela invenção da locomotiva e do navio a vapor.

A primeira fase da Revolução Industrial ocorreu aproximadamente entre 1760 e 1860. Tendo a Inglaterra se destacado em função do acúmulo de capitais e de reservas de carvão, com força naval para o transporte e a distribuição desses elementos, passou a exportar produtos industrializados e importar matérias-primas. A segunda fase da Revolução Industrial, entre 1860 e 1900, foi caracterizada pela assimilação da industrialização na França, na Alemanha, na Itália, na Bélgica, na Holanda, nos Estados Unidos e no Japão, causando o aumento da concorrência e a expansão da indústria de bens de produção. As tecnologias que geraram as principais mudanças no processo produtivo foram direcionadas à utilização de novas formas de energia como a elétrica e a derivada do petróleo; foram desenvolvidos

* Ato ou efeito de produzir ou fabricar com as mãos e/ou máquinas e ferramentas simples.

novos produtos químicos e o ferro foi substituído pelo aço. A partir de 1900, começa a ser delineado o início da terceira fase industrial, caracterizada pelo surgimento de grandes indústrias, empresas multinacionais e transnacionais, alavancadas pela automação da produção.

■ Pense a respeito!

Você sabia que os maiores avanços para a automação surgiram após a Segunda Guerra Mundial, a partir dos anos de 1950? Desde então, as indústrias química e eletrônica vêm apresentando grande desenvolvimento. A robótica e a engenharia genética vão sendo acrescentadas de forma significativa ao processo produtivo, que depende cada vez menos da mão de obra e cada vez mais de tecnologia avançada, gerando grandes problemas sociais. Nos países de economia mais desenvolvida, houve a marca do desemprego originado por essa mudança. Os mercados são, sem dúvida alguma, notadamente globalizados e apoiados pela expansão e pelo desenvolvimento dos meios de comunicação e transporte.

O sistemas automáticos surgiram no início do século XX, mas já existiam os semiautomáticos. Os dispositivos automáticos foram inventados em função da necessidade de aumento da produção. A partir daí, uma série de descobertas e inovações tecnológicas melhoraram o sistema produtivo, proporcionando às empresas maior capacidade produtiva, precisão e velocidade de produção em relação ao sistema já existente: o trabalho manual. As fontes alternativas de energia, como já citamos, foram aplicadas a novos equipamentos, substituindo parcialmente a força humana e a energia hidráulica. E agora, em pleno século XXI, temos diversos equipamentos e sistemas automáticos que permitem a elevação da produtividade nas indústrias em geral. Esses produtos, aliados ao potencial trazido pela computação – tornando-a cada vez mais rápida e precisa –, utilizam-se de canais globais de comunicação para incrementar as atividades de produção, isso somado a uma automação mais elaborada e funcional.

Qual é a primeira imagem que lhe vem à mente quando falamos em automação da produção? Provavelmente, é a de robôs que realizam movimentos rápidos e precisos em fábricas ou aqueles apresentados em filmes de ficção científica que se assemelham ao ser humano em suas características e atitudes.

O primeiro computador foi criado por meio da reunião de diversas invenções que permitiram a realização das tarefas como as conhecemos. Konrad Zuze, em 1936, desenvolveu uma calculadora mecânica chamada Z1, aperfeiçoada até a versão Z4, que já agregava quase todas as características dos computadores modernos, incluindo a utilização de fitas magnéticas (Bellis, 2005a).

Outra grande evolução dos computadores foi a criação do *Electrical Numerical Integrator and Calculator* (Eniac), em 1946, por John Mauchly e John Presper Eckert e patrocinado pelas Forças Armadas americanas. Após se desligarem do governo americano, Mauchly e Eckert montaram seu próprio negócio, tendo como principal cliente o Departamento de Estatística dos Estados Unidos, para o qual desenvolveram o *Universal Automatic Computer* (Univac), o primeiro computador comercial (Bellis, 2005b).

Alguns dispositivos que permitiram essa evolução, como os tubos de vácuo (válvulas), foram utilizados na primeira geração de computadores; a segunda geração era dotada de transistor; a terceira foi marcada pelos circuitos integrados. A evolução dos computadores prosseguiu até a presente quarta geração dos conhecidos *desktop* e computadores pessoais, que são dotados de microprocessadores.

Os servomecanismos, que também evoluíram ao longo do tempo, são dispositivos que convertem sinais elétricos em movimentos mecânicos. Essa definição simplificada nos permite concluir que os servomecanismos existem há muito tempo e já podiam operar independente do computador ou das instruções provenientes do Comando Numérico Computadorizado (CNC).

A evolução dessas tecnologias possibilitou a criação do CNC, permitindo que as máquinas contemporâneas pudessem ser controladas automaticamente por meio de números, letras ou até mesmo símbolos. A combinação desses equipamentos também possibilitou que o Massachusetts Institute of Technology (MIT) desenvolvesse a *Automatically Programmed Tools* (APT), uma linguagem de programação que traduz a entrada dos comandos de trajetórias de ferramentas para a máquina.

Ao avançarmos um pouco mais na evolução histórica da indústria e da automação, chegamos aos robôs, cujo significado etimológico refere-se a *trabalho forçado ou escravo*. Não poderíamos deixar de comentar o diferencial que os robôs têm das outras máquinas, pois eles possuem sensores (dispositivos que fornecem os cinco sentidos – visão, tato, olfato, audição e paladar) para poderem realizar as suas operações.

Em torno de 1940, Isaac Asimov, ao traçar um paralelo entre os robôs e os humanos, desenvolveu quatro leis sobre o comportamento daqueles, conforme indica Clarke (2005):

- *Lei Zero: um robô não pode prejudicar a humanidade, ou, por omissão, permitir que a humanidade se prejudique.*

- *Lei Um: um robô pode não prejudicar um ser humano, ou, por omissão, permitir que um ser humano se prejudique, a menos que isto viole uma lei de ordem mais alta.*
- *Lei Dois: um robô tem que obedecer a ordens dadas por seres humanos; exclui as ordens que estejam em conflito com uma lei de ordem mais alta.*
- *Lei Três: um robô tem que proteger sua própria existência, contanto que tal proteção não esteja em conflito com uma lei de ordem mais alta.*
[tradução nossa]

Em 1956, George Devol e Joseph Engelberger resolveram construir robôs. Para isso, criaram a Unimation, que desenvolveu, alguns anos mais tarde, parte dos robôs para a linha de montagem da General Motors.

Após a Segunda Guerra Mundial, houve grande evolução na automação, destacando-se o projeto auxiliado por computador – *Computer Aided Design* (CAD) –, que passou a ser utilizado para a realização da engenharia simultânea, a qual tem por objetivo a redução do tempo para a resolução de problemas, nesse caso, de projetos de produtos. Esse sistema possibilita a modelagem tridimensional, com a integração das máquinas por meio de comandos e programas.

A manufatura auxiliada por computador – *Computer Aided Manufacturing* (CAM) – permite a modelagem paramétrica do sistema de manufatura e utiliza, também, a engenharia auxiliada por computador – *Computer Aided Engineering* (CAE) –, que simula a criatividade necessária para realizar a análise de mecanismos automáticos. O conceito desse sistema reforça a ideia de que a utilização da automação deve se dar por meio de sistemas de automação ou de sistemas automáticos e consolida a concepção de manufatura integrada por computador – *Computer Integrated Manufacturing* (CIM).

1.2 Indústrias e manufaturas

Produzir é realizar determinado processo que converte matéria-prima em produtos acabados, os quais adquirem valor no mercado. Esses produtos podem ser uma combinação do trabalho manual, da utilização de máquinas, de ferramentas e de energia. O processo de transformação normalmente envolve uma sequência de passos e a cada passo completado nos aproximamos do produto final.

As companhias podem ser divididas em dois tipos, dependendo da natureza das operações de produção: as indústrias de manufatura e as indústrias de processo. As de manufatura são identificadas como empresas industriais que produzem artigos individualizados, como carros, computadores e máquinas-ferramentas, assim como os componentes e os subprodutos que entram na fabricação desses produtos. Esse tipo de produção pode ser chamado também de *produção de bens discretos*. As indústrias de processo são representadas por indústrias de substâncias químicas, indústrias de fabricação de plásticos, produtos de petróleo, comida processada, sabão, aço e cimento. Esse tipo pode ser identificado como *produção de bens contínuos*.

Uma alternativa de classificação para as empresas a serem analisadas é considerarmos o lugar que ocupam no sistema produtivo, como "produtores básicos, transformadores e fabricantes" (Groover, 1987, p. 17).

Os três tipos de empresas formam uma cadeia, ligando a transformação de recursos naturais e matéria-prima em bens para o público consumidor. Os produtores básicos extraem os recursos naturais e transformam a matéria-prima, a qual será usada por outras empresas de manufatura.

Como exemplo, podemos citar os produtores de aço que extraem minério de ferro e o transformam em lingotes. Os transformadores recebem os lingotes de ferro e os convertem em barras, perfis ou chapas de ferro. Os fabricantes recebem as chapas, perfis etc. e fabricam janelas, grades, portas de ferro e outros produtos que serão utilizados pelo consumidor.

■ Pense a respeito!

Você sabia que há vários fatores que diferenciam e dificultam esse tipo de classificação? Algumas empresas possuem um alto grau de integração vertical, que abrange desde os recursos naturais até os bens fornecidos ao consumidor. As empresas de petróleo são exemplos de integração vertical. Elas convertem recursos naturais em produto de petróleo acabado (gasolina, querosene etc.) e então comercializam diretamente ao consumidor. Outro fator é que algumas companhias têm uma diversidade grande de negócios que são difíceis de classificar. Algumas de suas operações estão na categoria de produtores básicos, outras na categoria de transformadores e outras, ainda, na categoria de fabricantes.

Em função do lugar que ocupam no sistema produtivo, podemos ter poucas ou diversas alternativas para automatizar processos. Os produtores básicos podem automatizar os processos de semear, regar e colher a safra de soja em sequência;

passam a desempenhar o papel de transformadores, selecionando e limpando os grãos; ou ainda, servem de fabricantes ao processar os grãos, fornecendo uma variedade de produtos.

1.3 Tipos de produção

Outro modo de classificar as atividades de produção é em função da quantidade elaborada de produto. Nessa classificação, temos três tipos de produção que interessam à automação: "produção *job shop*, produção em grupo/lote e produção em massa/contínuo" (Slack; Chambers; Johnston, 2002, p. 135).

Figura 1.1 – Comparativo entre os três tipos de produção

Job shop/Produção em grupo/Produção em massa		
(−) ⟶	Quantidade de produção ⟶	(+)
(−) ⟶	Taxa de produção ⟶	(+)
(+) ⟵	Nível de habilidade ⟵	(−)
geral ⟵	Equipamento ⟶	especial
processo ⟵	*Layout* da empresa ⟶	fluxo produto

Fonte: Adaptado de Groover, 1987, p. 17.

Essa classificação é associada, normalmente, com manufatura de um produto único, mas também pode ser utilizada nas indústrias de processo. Por exemplo, algumas substâncias químicas são produzidas em grupos (produção de grupo), porém outras são produzidas por meio de processos de fluxo contínuo (produção em massa). Os três tipos de produção estão relacionados pelo volume de produção como mostrado na Figura 1.1.

1.3.1 Produção *job shop*

A característica distintiva da produção *job shop* é o baixo volume. Os tamanhos dos lotes industriais são pequenos, às vezes contendo apenas um produto.

A produção *job shop* é usada para atender a um cliente específico e, desse modo, há grande variedade no trabalho que a fábrica deve realizar. O equipamento de produção deve ser flexível para permitir essa variedade de trabalho. Com uma gama diversa de tarefas, o nível de habilidade exigido dos funcionários deve ser alto para que eles consigam executá-las com eficiência. Alguns exemplos que podemos indicar de produtos fabricados no modelo *job shop* incluem veículos espaciais, aviões, máquinas-ferramenta, ferramentas especiais e protótipos de produtos.

Não identificamos com o modelo *job shop* os trabalhos de construção civil e construção naval, embora as quantidades estejam na faixa apropriada e as duas atividades envolvam a transformação de matéria-prima em produtos acabados; o trabalho, nesse caso, não é executado em uma fábrica.

1.3.2 Produção em grupo/lote

A produção em grupo ou lote envolve a manufatura de quantidade média do mesmo artigo ou produto ordenado pelo cliente. Os lotes só podem ser produzidos uma vez ou devem ser produzidos em intervalos regulares.

O propósito da produção em grupo é, de modo frequente, satisfazer a demanda contínua de um produto solicitado por um cliente. Assim, a fábrica é capaz de atingir uma taxa de produção que excede a taxa de demanda, na medida em que produz para estocar o produto e muda o sistema para atender outros pedidos. Quando o estoque do primeiro produto acaba, a produção é repetida para produzir o item e estocá-lo novamente.

O equipamento industrial usado em produção em grupo é de base geral (comum), mas projetado para taxas mais altas de produção. Como exemplo podemos citar os tornos mecânicos de torre, capazes de segurar várias ferramentas cortantes e que são utilizados em lugar de tornos mecânicos que têm menor flexibilidade. As máquinas-ferramenta são combinadas e frequentemente usadas em manufatura de grupo com outras especialmente projetadas em instalações que aumentam a taxa de produção. Eis alguns exemplos de produtos elaborados pela produção em grupo: equipamentos industriais, mobília, livros, eletrodomésticos etc. As fábricas de produção em grupo são compostas por oficinas, fornos de fundição e injetoras de plástico. Alguns tipos de empresas químicas também se enquadram nessa categoria geral.

A produção em grupo constitui grande parte da atividade industrial, uma vez que o mercado exige a flexibilidade de produtos e de tamanho nos lotes de produção.

1.3.3 Produção em massa/contínuo

A produção em massa representa a manufatura especializada e contínua de produtos idênticos. É caracterizada pelo grande volume de produção, em que o equipamento é dedicado completamente à manufatura de um único produto, pois as taxas de demanda são muito altas para esse tipo de produto.

Não só o equipamento é dedicado a um único produto, mas a fábrica inteira é projetada com o propósito exclusivo de produzir um produto em particular. O equipamento é especial para a fabricação da produção, em lugar de equipamento de desígnio geral. O investimento em máquinas especializadas é alto. De certo modo, a habilidade de produção é transferida do operador para a máquina. Por conseguinte, o nível de habilidade de trabalho em uma empresa de produção em massa tende a ser mais baixo do que em uma empresa de produção em grupo ou *job shop*.

A produção em massa envolve um grande volume de produção; os equipamentos são utilizados em tempo integral para satisfazer a uma taxa de demanda muito grande para o produto, pois, na produção em massa, as taxas de demanda e a taxa de produção são aproximadamente iguais. O fluxo de produção refere-se ao fluxo físico do produto, como ocorre em refinarias de óleo, em plantas de processo de substâncias químicas contínuas e no processamento de comida. Assim como esses são exemplos de *produção de fluxo*, a expressão também se aplica à manufatura de partes únicas complexas (como blocos de motores) ou de agrupamento de produtos. Nesses casos, os artigos recebem uma sucessão de operações que tem por base dispositivos de manipulação de material (transportadores, dispositivos de transferência etc.).

Na Figura 1.1 também se resumem algumas das características mais importantes dos diferentes tipos de plantas de produção. Observe que a produção varia ao longo das características apresentadas, de forma gradual. Isso acontece porque é difícil de se estabelecer a fronteira em que um tipo acaba e o outro se inicia.

1.4 Funções da produção

Para quaisquer dos três tipos de produção (*job shop*, grupo, massa), devemos considerar certas funções básicas para converter materiais em produtos acabados. Para uma empresa produtora que se ocupa com a manufatura de produtos, as funções são: "processamento, montagem, manuseio/movimentação material e armazenamento, inspeção e testes e controle" (Slack; Chambers; Johnston, 2002, p. 135).

As primeiras duas funções são as atividades que se referem a como o produto é elaborado. Processamento e montagem são operações que acrescentam valor ao produto. A terceira e quarta funções são executadas em uma empresa industrial, mas não acrescentam valor ao produto. As quatro primeiras funções acontecem diretamente dentro da fábrica. A quinta função, a de controle, é exigida para coordenar e regular as atividades físicas.

1.4.1 Processamento de operações

O processamento das operações transforma o produto de um determinado estado em um estado mais avançado de transformação. Nenhum material ou componente é adicionado para realizar esse processo. Entretanto, energia (por meio de energia mecânica, calor, eletricidade, substâncias químicas etc.) é aplicada para mudar a forma material, alterando as propriedades físicas do produto. O processamento das operações pode ser classificado em uma das seguintes categorias propostas: "processos básicos, processos secundários, operações para aumentar propriedades físicas e operações de acabamento" (Slack; Chambers; Johnston, 2002, p. 21).

Os processos básicos são aqueles que dão ao material sua forma inicial, como o plástico moldado. Nesse caso, o material é convertido na geometria básica do produto desejado, sendo comum ter a forma e o tamanho final como exigência para o próximo processo.

Os processos secundários são aqueles que seguem o processo básico e são executados para dar ao material a geometria final desejada. Como exemplos dessa categoria podemos incluir os serviços executados em máquinas (perfurar, moer etc.) e outras operações que mudam a forma do produto.

Há operações que melhoram as propriedades físicas, mas não mudam perceptivelmente a geometria física do produto. Em vez disso, as propriedades físicas do material são melhoradas de algum modo. Um exemplo são as operações de tratamento de calor para fortalecer o metal.

Já as operações de acabamento são aquelas executadas para melhorar a aparência ou fornecer uma camada protetora do produto. Alguns exemplos dessa categoria incluem polir, pintar e forrar com um material protetor.

O processo industrial acrescenta valor à matéria-prima (ou produto em processo), transformando-a em um estado mais desejável. O processo normalmente é executado em equipamentos de produção que refletem um investimento de capital feito pela empresa. O equipamento é adaptado ao processo, particularmente, pelo uso de ferramentas, instalações, moldes e assim por diante. Essa instalação deve ser projetada especificamente para determinado tipo de trabalho. São necessários energia elétrica, para operação e funcionamento do equipamento de produção, e mão de obra, para operar o equipamento e manusear o material. O processo industrial produz duas saídas, como você pode observar na Figura 1.2:

- o produto completo (produto acabado) ou produto em processo (subproduto);
- a sucata (perdas materiais) e o desperdício.

Figura 1.2 – Entradas e saídas do modelo de transformação para produção

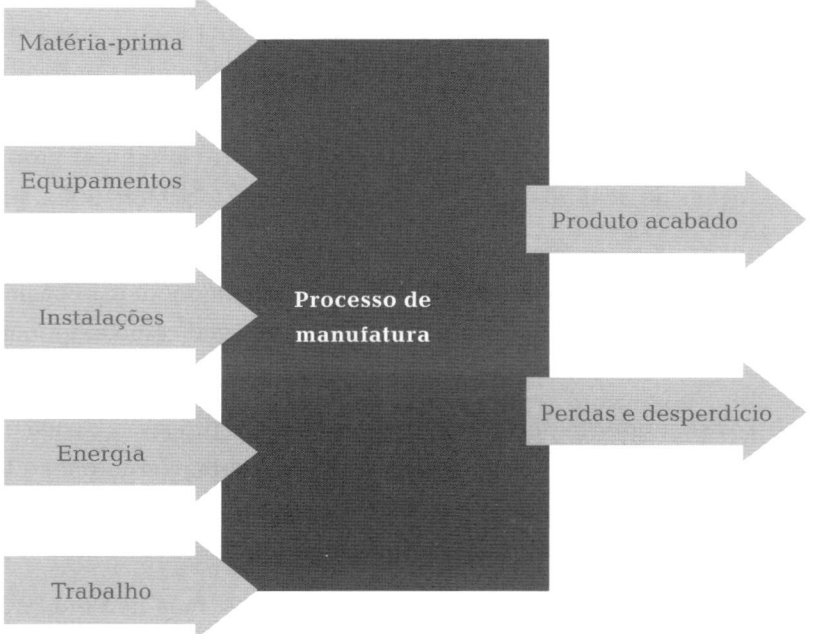

Fonte: Adaptado de Groover, 1987, p. 21.

O termo *subproduto* significa a produção parcial do processo industrial. Considerando-se que ele deve passar por várias operações, só a última destas traduz o produto acabado. As outras operações produzem produto em curso, em processo ou produto semielaborado.

A sucata é representada por perdas de material que não podem ser reaproveitadas no processo produtivo. O desperdício é representado pela ineficiência das ferramentas consumidas na operação, pela ineficiência mecânica da ferramenta elétrica, por perdas de mão de obra e outros, portanto, deve ser combatido prioritariamente pelo gestor da produção.

1.4.2 Operações de montagem

A montagem constitui o segundo tipo principal de operações de uma fábrica, atuando na união de processos. Nessa fase, a característica distintiva é a união de dois ou mais componentes que estão separados. Desse modo, incluem-se as operações mecânicas de fixação que utilizam parafusos, rebites e assim por diante, bem como processos como o de solda. Na fabricação de um produto, as operações de montagem seguem as operações de processo.

1.4.3 Manuseio/movimentação de material e armazenamento

Entre as operações de montagem, os materiais devem ser manuseados e transportados de uma operação a outra. Na maioria das plantas industriais, os materiais permanecem mais tempo na armazenagem e transporte do que sendo processados. Em alguns casos, a maioria do custo de mão de obra na fábrica é consumido com o controle, a movimentação e o armazenamento de materiais. É importante que essa função seja executada o mais eficazmente possível.

1.4.4 Inspeção e testes

Inspeção e testes normalmente são considerados como parte do controle de qualidade. O propósito da inspeção é determinar se o produto fabricado está dentro de padrões estabelecidos para o projeto. Por exemplo, devemos examinar se a dimensão atual de uma parte mecânica está dentro das tolerâncias indicadas no projeto de engenharia.

Testar compreende confrontar as especificações funcionais do produto final, em vez de testar apenas as partes individuais. A prova final do produto assegura que ele funciona e opera da maneira especificada pelo projetista.

1.4.5 Controle

A função de controle da fabricação inclui a execução das normas, do processo individual e das operações de montagem, além da gestão das atividades da planta do produto. O controle do processo envolve a realização dos objetivos de desempenho observados no acompanhamento do desenvolvimento do processo.

O controle de planta inclui o uso efetivo do trabalho, a manutenção do equipamento, a movimentação de materiais na fábrica, a verificação da qualidade dos produtos, a verificação de custos e de produtividade, assim como o estudo de horários. Os estudos são importantes para mantermos a planta funcionando ao menor custo possível.

1.5 *Layout* da planta (arranjo físico)

As empresas, em função de suas características de produção, necessariamente não podem manter um único arranjo físico para seu funcionamento, uma vez que, para otimizar os recursos de produção e aumentar a produtividade, elas devem aproveitar o potencial de organizar equipamentos e processos da forma mais adequada possível.

1.5.1 Arranjo físico por processo (funcional)

Todos os processos e equipamentos do mesmo tipo são desenvolvidos na mesma área, bem como as operações e as montagens semelhantes. Algumas das características desse tipo de arranjo, de acordo com Slack, Chambers e Johnston (2002, p. 213-234) e Martins e Laugeni (2000, p. 110-113), são as seguintes:

- é flexível para atender às mudanças no mercado;
- atende a produtos diversificados em quantidades variáveis ao longo do tempo;
- apresenta grandes distâncias de fluxo dentro da fábrica;
- serve para produções diversificadas em pequenas e médias quantidades;
- as operações são executadas com relativa satisfação no trabalho.

Podemos tomar como exemplo de arranjo físico por processo uma biblioteca que, em determinada área, tem as copiadoras, em outra, os livros e, em outra área, os periódicos. Num hospital, há sala de raios X, sala de operações, laboratórios, ambulatório, quarto de pacientes, recepção etc. Outro exemplo, já na área industrial, é aquele relativo às indústrias de confecção, nas quais temos reunidos, em uma determinada área, máquinas de corte, em outra área as máquinas de costura, em outra as máquinas de bordar, semelhante ao *layout* que apresentamos na Figura 1.3 a seguir.

Figura 1.3 – Layout *por processo*

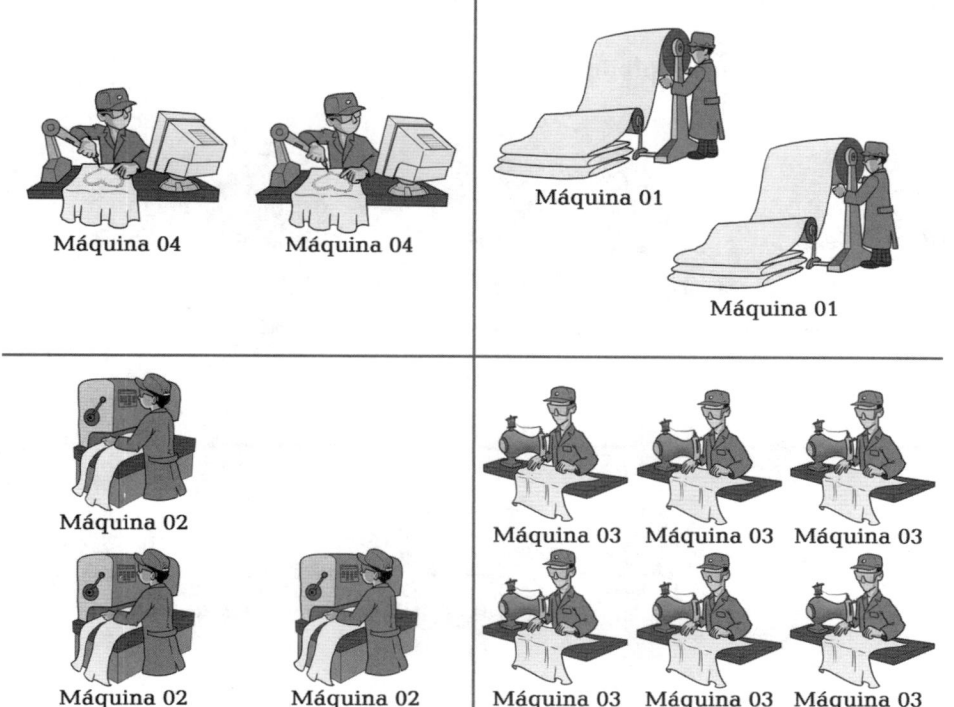

1.5.2 Arranjo físico em linha (por produto)

Nesse tipo de arranjo, devemos colocar as máquinas e os equipamentos ou estações de trabalho de acordo com as operações de elaboração do produto. As características do arranjo físico em linha, conforme apontam Martins e Laugeni (2000, p. 110-113) e Slack, Chambers e Johnston (2002, p. 213-234), são as seguintes:

- produção de poucos produtos ou produtos únicos, com velocidade de produção constante e com alta produtividade;
- alto investimento em máquinas e equipamentos;
- o operador não tem a visão geral do produto e há tendência à desmotivação;

- os produtos fabricados podem apresentar problemas de qualidade, uma vez que o processo só pode ser verificado após um grande período de execução de subprodutos.

O exemplo mais marcante e idealizador é a linha de montagem de automóveis Ford; já outro, que podemos também citar, é o sistema utilizado para a vacinação em massa. Para compreender melhor as características do *layout* por produto, observe a figura a seguir.

Figura 1.4 – Layout por produto

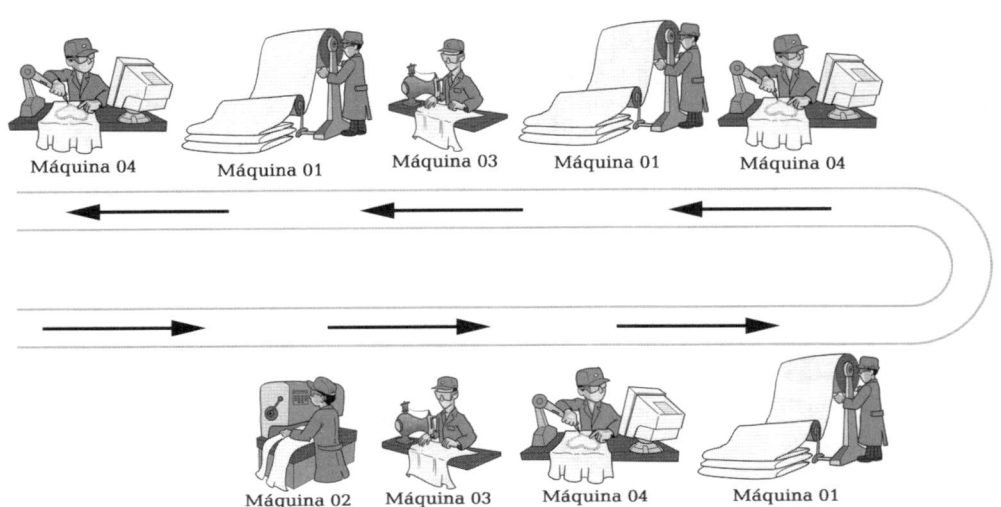

1.5.3 Arranjo físico por posição fixa (posicional)

No arranjo físico por posição fixa o material permanece fixo em determinada posição e as máquinas e os operadores se deslocam, executando as operações necessárias. Para Martins e Laugeni (2000, p. 110-113) e Slack, Chambers e Johnston (2002, p. 213-234), as características do arranjo físico por posição física são as seguintes:

- resulta em um produto único e com características únicas;
- apresenta quantidade de produção unitária ou pequena;
- não é repetitivo.

Enquadra-se neste *layout* o processo de construção de rodovias/barragens, estaleiros, turbinas, residências etc., conforme representamos na Figura 1.5.

Figura 1.5 – Layout por posição fixa

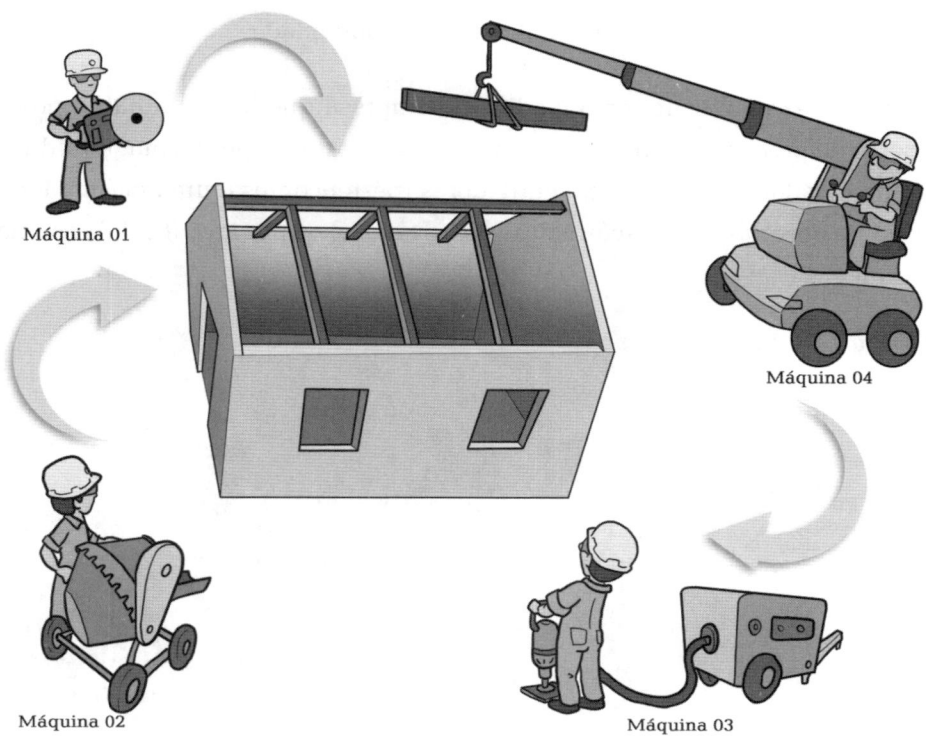

1.5.4 Arranjo físico por *layout* celular

O *layout* celular é um arranjo elaborado, que aproveita algumas das características do *layout* em linha, entretanto apresenta maior flexibilidade e deve ser estruturado num só local (célula). São utilizadas máquinas diferentes em uma sequência determinada para que se possa fabricar o produto inteiro ou uma família de produtos. Suas características principais são as seguintes, segundo Slack, Chambers e Johnston (2002, p. 213-234) e Martins e Laugeni (2000, p. 110-133):

- adoção do conceito de *família* para produtos, entendendo por família de produtos aqueles similares em sua montagem ou elaboração;
- flexibilidade quanto ao tamanho dos lotes por produto;
- serve especificamente para uma família de produtos;
- diminui o tempo com transporte de material;
- diminui estoques em função da redução dos lotes;
- centraliza a responsabilidade sobre o produto fabricado ao operador da célula;

- enseja satisfação no trabalho, evitando o trabalho repetitivo; aqui o operador tem conhecimento total do produto que ele elabora ou monta;
- permite elevados níveis de qualidade e produtividade.

Podemos exemplificar como modelo de empresa que tem família de produtos, produtos de processo e montagens similares aquelas que produzem: liquidificadores, processadores, batedeiras, ventiladores (pertencentes a uma mesma família). Você pode observar as características do arranjo físico por *layout* celular na figura a seguir.

Figura 1.6 – Layout celular

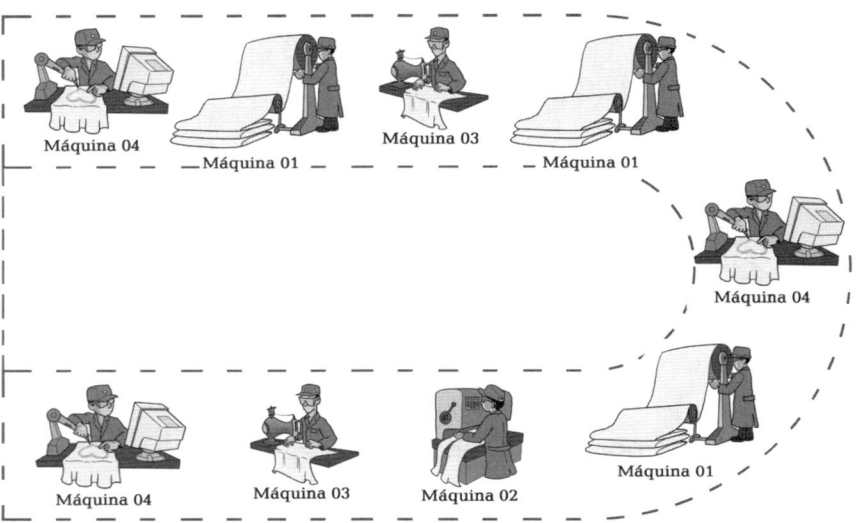

1.6 Estratégias de automação

Existem diversas estratégias que podem ser empregadas para melhorar a produtividade e a flexibilidade nas operações industriais. Considerando que essas estratégias são implementadas frequentemente por meio de tecnologia de automação, recorremos a elas (Groover, 1987, p. 18).

1.6.1 Especialização de operações

A primeira estratégia de automação envolve o uso de equipamento específico para determinada finalidade, projetado para executar uma operação com a maior eficiência possível. Isso é análogo ao conceito de *especialização*, ação empregada para melhorar a produtividade de trabalho. Podemos considerar como exemplo os equipamentos encontrados no McDonald's para fritura de batatas. Eles são especialmente projetados para realizar a fritura de batatas tão somente, existem cestas específicas para suporte da matéria-prima, para controlar a quantidade e a temperatura da fritura e para que o produto final tenha o mesmo padrão.

1.6.2 Operações combinadas

Na estratégia de operações combinadas a produção acontece por meio de uma sucessão de operações. Partes complexas podem requerer dúzias ou até mesmo centenas de passos de processo. Essa estratégia envolve a redução do número de máquinas diferentes de produção ou de estações de trabalho pelas quais o produto deve ser processado. É realizada executando-se mais de uma operação em determinada máquina, reduzindo o maquinário. Suponha que você tenha uma gráfica e possua um equipamento que, além de ajustar o tamanho do papel (cortar) na medida que você precisa, faça a contagem das folhas e as embale em quantidades de quinhentas unidades. As operações são combinadas porque são executados – em uma mesma máquina – o corte, a contagem e o acondicionamento.

1.6.3 Operações simultâneas

As operações simultâneas são a extensão lógica das operações combinadas. A estratégia é executar, ao mesmo tempo, as operações combinadas em uma única estação de trabalho. Assim, dois ou mais processos (ou montagens) são executados simultaneamente no mesmo subproduto, reduzindo o tempo do processo total. Considere que, ao produzirmos uma embalagem metálica, tenhamos que, ao mesmo tempo, realizar a impressão em relevo da chapa metálica e a conformação (estabelecer a forma) da embalagem. As operações aqui são executadas simultaneamente, a operação de impressão e a de conformação. Por exemplo, atribuir forma à uma latinha de cerveja e ao mesmo tempo imprimir a sua marca.

1.6.4 Integração de operações

Outra estratégia de automação é unir várias estações de trabalho em um único mecanismo integrado, que utiliza o trabalho automatizado, com controle de dispositivos para transferir subprodutos entre estações. Isso reduz o número de máquinas separadas nas quais o produto deve ser programado. Com mais de uma estação de trabalho vários subprodutos, simultaneamente, podem ser processados, aumentando a produção global do sistema.

Por exemplo, se você decidir produzir um bico injetor para caminhões, deve considerar os diâmetros dos furos, o tamanho e a espessura das hastes. Como nesse caso existem hastes de diversos tamanhos e espessuras, elas podem ter suas operações de furação e corte processadas por equipamentos diferentes, que são interligados por um sistema de transporte.

1.6.5 Aumento da flexibilidade

Esta estratégia tenta obter a máxima utilização do equipamento para *job shop* e situações de médio volume, usando o mesmo equipamento para uma variedade de produtos. Os objetivos principais são reduzir o tempo de organização e o tempo de programação da máquina de produção (tempo de *setup*). Se você considerar o exemplo anterior, da produção do bico injetor, poderia produzir hastes para diversos tipos de motores de caminhão no mesmo sistema, assim, teria a flexibilidade garantida, aliada à integração das operações.

1.6.6 Melhoramento do manuseio, transporte e armazenamento do material

Uma grande oportunidade para reduzir o tempo perdido no manuseio e no transporte do material é automatizar os sistemas de armazenamento. Os benefícios incluem a redução do trabalho em processo, diminuindo, desse modo, o tempo industrial total. Um exemplo de automação na área de armazenamento é a guarda e busca automática de produtos estocados com base em um sistema automático de transporte e endereçamento.

1.6.7 Inspeções *on-line*

Normalmente, as inspeções de qualidade são executadas depois do processo de produção. Isso significa que o processo será mantido, até que seja inspecionado. Na inspeção *on-line*, a vistoria é incorporada ao processo industrial e permite correções durante o andamento da fabricação, reduzindo, com isso, problemas como a falta de qualidade. As inspeções *on-line* ocorrem simultaneamente ao processo de fabricação, montagem ou qualquer outra etapa. Por exemplo, você pode verificar o tamanho exato do corte de uma chapa com um dispositivo que realize a medição logo após ela ser cortada.

1.6.8 Controle de processo e otimização

De modo mais eficaz, o controle de processo utiliza-se de uma quantidade extensiva de esquemas de controle para operar os processos individuais e os equipamentos associados. Por essa estratégia, podemos reduzir os tempos de processos individuais e melhorar a qualidade do produto. A montagem de uma placa de circuitos integrados implicaria a montagem das peças sobre a placa por um sistema automatizado, sendo que o processo seria a colocação de diversas peças ao mesmo tempo, resultando na otimização do uso do equipamento. Nos sistemas automáticos de soldagem, realiza-se a fixação dos componentes na placa de forma definitiva.

1.6.9 Controle das operações da planta

Enquanto a estratégia anterior se relaciona ao controle do processo industrial, esta estratégia se preocupa com o controle da planta industrial. Tenta administrar e coordenar de maneira eficaz as operações realizadas. Sua implementação normalmente envolve pessoas, integração e uma rede de computadores de alto nível.

O controle de processo, a otimização e o controle das operações da planta podem ser descritos como o conjunto de processos e operações a serem realizados pela fábrica de forma automatizada, com pouca ou nenhuma influência humana. Considerando, ainda, o exemplo anterior da fabricação da placa, após serem colocados os componentes, elas devem passar por um processo de solda, totalmente automatizado, e na sequência por um processo de acabamento de testes. As etapas traduzem todo o processo de montagem da placa com controle total sobre todas as operações da planta (fábrica).

1.6.10 Manufatura integrada por computador

A manufatura integrada por computador (*Computer Integrated Manufacturing* – CIM) é a estratégia de controle das operações da planta em um nível mais elevado, em que há integração das operações da fábrica tanto no projeto de engenharia, quanto em muitas das outras funções empresariais. A CIM envolve uso extenso de aplicações de computador, bancos de dados e rede de computadores.

Todas as operações são controladas por um sistema integrado de computadores, mas, nesse caso, a manufatura sofre influência dos diversos setores da empresa. Por exemplo, o setor de *marketing* de sua empresa poderia solicitar um produto com uma cor diferenciada para novos clientes, o setor de engenharia de produto/processo poderia estabelecer novas formas de elaboração do produto e, desse modo, o produto final receberia instruções de todos os departamentos.

Verifique os diversos sistemas produtivos e a implicação das implementações estratégicas descritas no Quadro 1.1. Existem automações em diversos níveis e podemos também realizar a automação com equipamentos diversificados.

É importante que sejam considerados o tipo e a quantidade do produto a ser produzido. Assim, para que a empresa obtenha os ganhos propostos pela automação, a tarefa do administrador se torna complexa.

Quadro 1.1 – Dez estratégias de automação

Estratégia	Resultado esperado
1 – Especialização de operações	Reduz o tempo de operação.
2 – Operações combinadas	Reduz o número de máquinas, o tempo de trabalho manual e o tempo de não operação.
3 – Operações simultâneas	Reduz o tempo da operação, o número de máquinas, o tempo de trabalho manual e o tempo de não operação.
4 – Integrações de operações	Reduz o número de máquinas, o tempo de trabalho manual e o tempo de não operação.
5 – Aumento de flexibilidade	Reduz o tempo de produção, o trabalho em processo e a utilização.
6 – Melhoramento do manuseio material e armazenamento	Reduz o tempo de não operação, o tempo de produção e o trabalho em processo.
7 – Inspeção *on–line*	Reduz o tempo de não operação, as perdas e o desperdício.
8 – Controle de processo e otimização	Reduz o tempo de operação, as perdas e o desperdício.
9 – Controle das operações da planta	Reduz o tempo de não operação, o tempo de produção e a utilização.
10 – Manufatura integrada por computador	Reduz o tempo de produção, o tempo de projeto, a utilização e o tempo de planejamento da produção.

Fonte: Adaptado de Groover, 1987.

Síntese

Realizar a automação nas empresas não é uma tarefa fácil. Aparentemente, faz crer que basta acrescentarmos à produção equipamentos que realizem todas as operações sem a influência do ser humano.

Ao verificarmos os diversos sistemas produtivos e a implicação das implementações estratégicas descritas, percebemos o nível de complexidade exigido. Existem automações que se situam em diversas fases de implementação, bem como com a utilização de equipamentos diversificados.

Devemos considerar o tipo e a quantidade do produto a ser produzido. Assim, a tarefa do administrador ao realizar a automação se torna complexa, para que seja possível obter os ganhos propostos pela automação.

Neste capítulo apresentamos as informações básicas necessárias à compreensão de um processo produtivo para a fabricação de diversos produtos em diversas áreas. O processo de transformação define os parâmetros básicos nos quais os sistemas devem operar satisfatoriamente. Entretanto, podem ser utilizadas diversas estratégias de produção, incluindo as estratégias proporcionadas pela automação.

Percebemos que as estratégias de utilização da automação proporcionam às organizações diferenciais, uma vez que a automação ultrapassa o limite físico humano na realização de um trabalho contínuo e padrão.

Questões para revisão

1. Por que o computador é considerado o alicerce da automação?

2. Por que não se pode confundir produção *job shop* com produção por projetos? Dê exemplos de ambos, identificando suas diferenças.

Para as próximas questões, marque a opção **correta**.

3. Indique nas características a seguir aquelas que traduzem o tipo de produção em massa.

    a) Grande quantidade de produção; alta taxa de produção; alto nível de habilidade; equipamento específico; fluxo por produto.

b) Média quantidade de produção; baixa taxa de produção; alto nível de habilidade; equipamento geral; fluxo por processo.

c) Média quantidade de produção; alta taxa de produção; alto nível de habilidade; equipamento específico; fluxo por produto.

d) Grande quantidade de produção; alta taxa de produção; baixo nível de habilidade; equipamento geral; fluxo por processo.

4. Dentre as funções da produção indicadas a seguir, marque aquela que traduz a operação de montagem:

   a) Transforma o produto de um determinado estado em outro em um estado mais avançado de transformação.

   b) Traduz operações de uma fábrica, atuando na união dos processos.

   c) São considerados como parte do controle de qualidade.

   d) Nas operações de montagem, os materiais devem ser manuseados e transportados de uma operação a outra.

5. Com relação às estratégias de automação, indique a opção que traduz a seguinte descrição: "Esta estratégia tenta obter a máxima utilização do equipamento para *job shop* e situações de médio volume, usando o mesmo equipamento para uma variedade de produtos."

   a) Controle de processo e otimização.

   b) Integração das operações.

   c) Aumento de flexibilidade.

   d) Operações simultâneas.

Questões para reflexão

1. Considerando que, atualmente, existem três tipos de proteção da propriedade intelectual – patentes, marcas registradas e *copyright* –, responda:

   a) Qual a definição de cada categoria?

   b) Qual delas tem proteção do governo brasileiro?

   c) Desde quando são protegidas pelo governo brasileiro?

   d) Qualquer pessoa pode fabricar computadores?

Para saber mais

PERALES, W. **Classificações dos sistemas de produção**. Disponível em: <http://www.abepro.org.br/biblioteca/ENEGEP2001_TR111_0830.pdf>. Acesso em: 16 maio 2011.

A possibilidade de aprender mais sobre os sistemas de produção traz ao leitor a chance de realizar estratégias produtivas mais adequadas aos recursos de produção existentes. Leia o texto de Perales para saber um pouco mais sobre os sistemas de produção e suas características.

2 previsão de demanda e produtividade na automação

Conteúdos do capítulo:
- *Tipos de demanda utilizados na indústria;*
- *Formas de previsões e seu ajuste à demanda;*
- *Produtividade e sua importância na automação;*
- *Produtividade pontual e sistêmica com base em multifatores.*

Após o estudo deste capítulo, você será capaz de:
- *reconhecer os tipos de demanda utilizados para a realização de previsões;*
- *identificar e calcular a demanda através dos métodos de previsão;*
- *compreender o conceito de produtividade;*
- *reconhecer a utilização de indicadores para análise de multifatores.*

Neste capítulo, apresentaremos os conceitos e os vários tipos de demanda mais comumente considerados na literatura sobre automação. Além disso, analisaremos as diversas formas de se realizar as previsões baseadas nos métodos apresentados para que haja o dimensionamento correto dos sistemas automatizados. Serão considerados os horizontes de tempo nas previsões. O conceito de *produtividade* será explorado para refletirmos sobre os preceitos da automação e dos sistemas integrados.

2.1 Comportamento da demanda

A demanda, para o item ou grupo de itens a serem produzidos, pode variar ao longo do tempo. Essa variação tem um comportamento característico em alguns casos, podendo ser avaliada também a longo prazo, porém com precisão reduzida.

Desse modo, devemos considerar que a demanda para um produto tem um comportamento característico, que pode ser analisado e, muitas vezes, passível de previsão. O comportamento determina os métodos e meios pelos quais é possível fazer essa previsão.

2.1.1 Demandas

Existem alguns modelos de comportamento de demanda que podem ser avaliados para a escolha do método correto de previsão. O comportamento poderá, também, dizer-nos qual a estratégia de produção que deve ser adotada para o alcance dos objetivos da empresa.

No caso da automação, em que há a necessidade de potencializar os recursos empresariais, uma projeção adequada da demanda faz com que o gestor de produção transfira para a empresa um diferencial competitivo máximo.

Entre os modelos de demanda existentes, apresentaremos a demanda média, a demanda com tendência linear, a demanda sazonal ou cíclica e a demanda com tendência não linear, que são modelos práticos e de fácil entendimento.

Demanda média

A demanda média é utilizada quando há pequena variação nos dados que traduzem o comportamento da demanda. Há demanda média quando os pontos do gráfico flutuam em torno de um valor constante (média); podemos considerar a média da venda de produtos, conforme representa a figura a seguir.

Figura 2.1 – Comportamento da demanda média

Meses	Demanda
1	99
2	100
3	101
4	100
5	101
6	99
Média	100

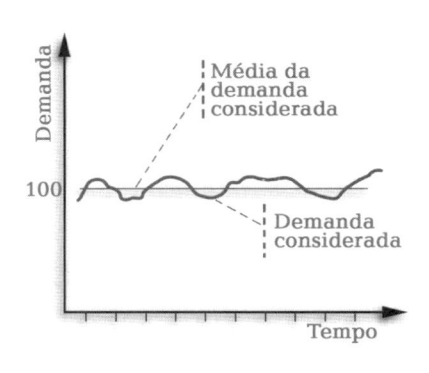

Demanda com tendência linear

Consideramos a demanda com tendência linear quando os dados (vendas) aumentam ou diminuem consistentemente na média da série (média dos valores de uma demanda crescente ou decrescente) ao longo do tempo de análise. A tendência linear pode ser crescente, traduzindo uma evolução de vendas do produto no mercado e permitindo uma adequada programação da produção. Pode ser também decrescente, indicando uma redução nas vendas e levando à decisão pela retirada do produto do mercado – fase de declínio do ciclo de vida do produto (Ritzman; Krajewski, 2004, p. 262).

Figura 2.2 – Comportamento da demanda com tendência linear

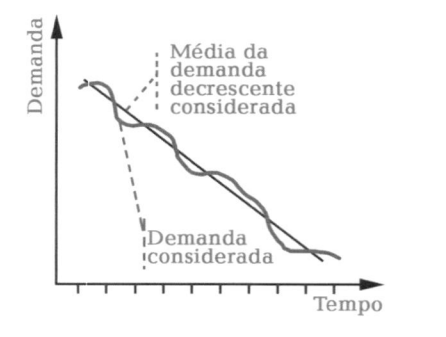

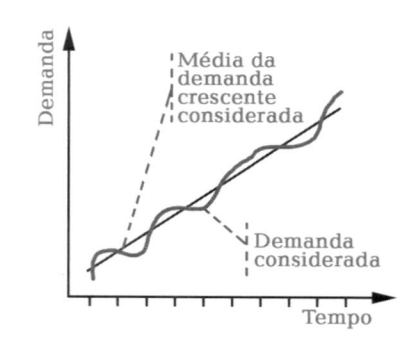

Demanda sazonal (cíclica)

Consideramos a demanda sazonal quando é possível identificar um padrão de repetição de aumento ou diminuição na demanda ao longo do período de análise, seja diário, semanal, mensal ou até mesmo entre estações. Um período maior de análise pode apresentar, também, uma avaliação da demanda considerada cíclica, ou seja, em ciclos. Nesse caso, a análise se dá em períodos anuais ou até mesmo decenais. Podemos exemplificar, como demanda sazonal, a venda de sorvetes: no período do inverno, a venda é reduzida para depois, no verão, crescer e se manter consistente até o término da estação.

A demanda cíclica também representa modismos que podem ser traduzidos por alguns modelos de roupas ou calçados que não obedecem a uma estação específica (verão, inverno etc.).

Observe na figura a seguir a representação do comportamento da demanda sazonal ou cíclica.

Figura 2.3 – Comportamento da demanda sazonal ou cíclica

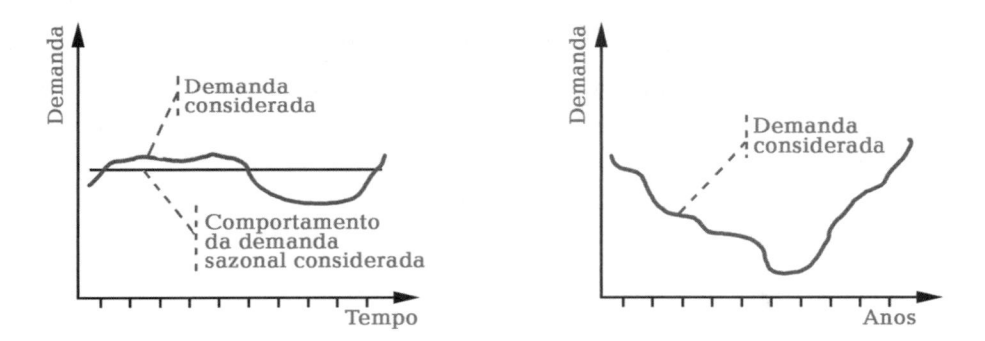

Demanda com tendência não linear

Consideramos uma demanda com tendência não linear quando é possível identificar um padrão crescente ou de diminuição mais acentuado no comportamento da demanda analisada, quando comparada com a demanda linear. Geralmente, esse tipo de demanda ocorre quando há a introdução de um produto novo no mercado, quando o mercado aceita esse produto ou quando ele deixa de ser comprado pelo consumidor e entra em declínio (Ritzman; Krajewski, 2004, p. 262). Esse modelo é muito utilizado na análise de comportamento na introdução de um novo produto no mercado, pois permite aos programadores da produção uma melhor adaptação do sistema de produção, reformando ou ampliando a estrutura e adaptando-a à demanda.

A representação do comportamento da demanda não linear você pode observar na figura a seguir.

Figura 2.4 – Comportamento da demanda não linear

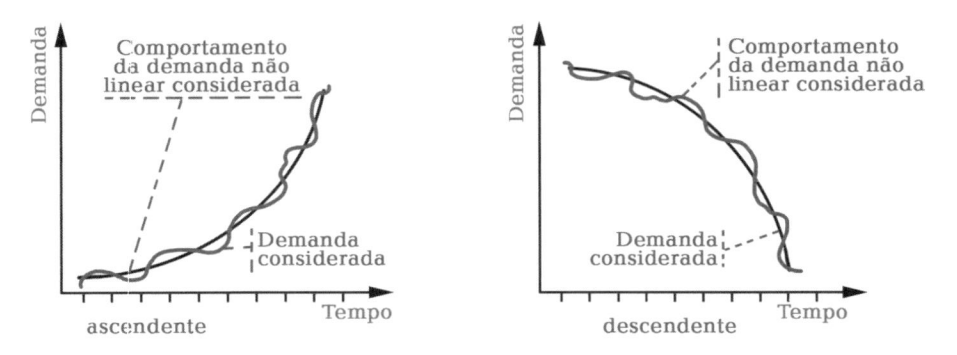

Flutuação aleatória da demanda

Há demandas que são aleatórias e, nesse caso, não é possível determinar seu comportamento, não sendo possível, assim, ser formulada uma equação que responda às necessidades de previsão nem à utilização de quaisquer considerações propostas por especialistas (Ritzman; Krajewski, 2004, p. 262). São produtos que não dependem de estações do ano, de região ou de datas comemorativas. Por exemplo, o lançamento de um novo modelo de celular para competir no mercado com outros similares.

2.2 Previsão

Na automação, todos os gerentes de produção devem estar atentos às dimensões adequadas em seu sistema produtivo para o atendimento da demanda do produto a ser fabricado. Entretanto, é um desafio realizar tal tarefa, uma vez que existem variações nos pedidos dos clientes.

É fundamental dimensionar corretamente a demanda, a fim de que o projeto e a construção de fábricas e sistemas automatizados atendam aos objetivos empresariais. A determinação correta da demanda permitirá que o gerente possa programar a força de trabalho da operação.

■ **Pense a respeito!**

Você sabia que para o atendimento das necessidades, os gerentes de produção valem-se de métodos de previsão de demanda? Assim, podemos considerar que a previsão é um método para a determinação de dados futuros, fundamentados em modelos estatísticos, matemáticos e econométricos, além de fatores subjetivos, tais como disponibilidade de pessoal, qualidade do sindicato de classe, entre outros.

A previsão é utilizada para direcionar os objetivos da organização com o intuito de potencializar os recursos empresariais. Assim, os recursos a serem utilizados podem ser adquiridos num volume próximo à quantidade necessária, o que permite aos gerentes programarem o uso da capacidade produtiva de forma eficiente.

Os gerentes de produção devem determinar o que prever, mas, para isso, duas considerações são importantes. A primeira diz respeito a quais dados prever para a produção. Nesse caso, o mais importante é determinar o número de unidades de bens ou serviços necessários ao atendimento da demanda. Previsões baseadas em valores de venda, receita e outros podem variar de acordo com o preço que o consumidor está disposto a pagar, ficando o gerente de produção refém da variação de preço de mercado do produto. A segunda consideração diz respeito à previsão de um grupo de produtos. Não raramente, as empresas produzem um conjunto de produtos que serão colocados no mercado no mesmo momento. Dessa forma, as previsões individuais tornam-se ineficientes para as necessidades do gerente de produção e precisarão de uma previsão dos produtos agregados (Ritzman; Krajewski, 2004, p. 262).

Algumas empresas ainda adotam os dois modelos, a previsão para o planejamento agregado e a previsão para o produto individual. Essa forma de avaliar mantém a racionalidade da produção, que necessita, como parte do planejamento estratégico de vendas, de dados unitários para os períodos mais próximos à previsão (curto prazo) e de previsões para uma família de produtos (longo prazo).

2.2.1 Horizonte de previsão

Outro problema enfrentado pelos gerentes de produção é o estabelecimento de um período de análise.

Ao projetar uma fábrica, instalações e até mesmo novas linhas de produtos, a projeção de previsão de demanda deve ser de longo prazo. Como fábricas, instalações e novas linhas de montagem/produção demoram anos para serem completamente concluídas, consideramos longo prazo os intervalos de tempo anuais.

Por esse motivo, há necessidade da utilização de uma previsão de médio prazo para a determinação de demanda quando se tratar de força de trabalho, estoques, matérias-primas, capacidades de setores, entre outros. Podemos considerar intervalos de tempo mensais para caracterizar uma previsão de médio prazo.

Para previsões de curto prazo, consideramos intervalos de tempo semanais. É dada uma importância particular quando queremos projetar estoques de curto prazo para produtos específicos, capacidades de máquinas e fluxos de caixa projetados. Observe, no Quadro 2.1, o modelo de horizonte de previsão, considerando o intervalo de tempo.

Quadro 2.1 – Horizonte de previsão versus intervalo de tempo

Horizonte de previsão	Intervalo de tempo
Longo prazo	Mais de 1 ano
Médio prazo	De 3 meses a 1 ano
Curto prazo	De 0 a 3 meses

Fonte: Adaptado de Martins; Laugeni, 2000, p. 174.

Existem diversos métodos de previsão que melhor traduzem os resultados apresentados para os horizontes de longo, médio e curto prazo. O gerente de produção deve estar familiarizado com todos eles e deve ser capaz de aplicá-los de acordo com as necessidades empresariais.

Mas como os resultados devem ser analisados?

Quando são feitas previsões de longo prazo, os resultados obtidos devem ser analisados com critérios diferenciados dos critérios de curto prazo, em função do alcance da previsão. As de longo prazo geralmente incorporam uma precisão inferior, uma vez que estão sujeitas a maior quantidade de variáveis ao longo do período. Assim, uma previsão para cinco anos pode estar sujeita às variações de mercado, à inflação, ao surgimento de concorrência etc. Tal situação não aconteceria com as previsões de curto a médio prazo.

2.2.2 Métodos de previsão

Há dois métodos de previsão para representar a demanda: os métodos qualitativos e os métodos quantitativos.

Métodos qualitativos (baseados em julgamento)

Quando não podemos representar numericamente um modelo de previsão, como no caso do lançamento de um produto novo ou quando os critérios de análise não permitem que os dados sejam expressos em termos quantitativos, é comum a utilização de métodos baseados em julgamento para o estabelecimento de previsões de demanda.

Alguns dos instrumentos mais utilizados para a pesquisa qualitativa são: o método Delphi, a estimativa da equipe de vendas, a opinião de executivos e a pesquisa de mercado.

- Método Delphi

    Esse método é uma sequência de passos predeterminados com base no consenso dos participantes do processo de previsão. Corresponde a sucessivas interações entre os integrantes e, em cada interação, são apresentados os resultados majoritários para a determinação da resposta, assim como são solicitadas novas considerações, baseadas no primeiro resultado apresentado. Assim, esse processo é contínuo até que os integrantes cheguem a um consenso sobre a resolução do problema e, desse modo, determinem a previsão da demanda. O método é muito utilizado quando a previsão não é adequadamente traduzida por valores numéricos, necessitando de um julgamento de valor por parte de especialistas da área (Ritzman; Krajewski, 2004, p. 262). Um exemplo é o lançamento de roupas em cada estação, em que especialistas em moda opinam sobre quais tipos de roupas podem ter boa aceitação, adequando-as para cada época. Os resultados iniciais normalmente são apresentados e a seleção é feita pelos apontamentos mais coincidentes até que haja um consenso de que o estilo mais requisitado é a melhor previsão para aquele período ou estação.

- Estimativa da equipe de vendas

    A equipe de vendas de uma empresa está mais perto do cliente do que qualquer integrante da organização. Essa colocação tem grande importância para a obtenção de dados para a previsão futura de demanda. Com esse método os vendedores colhem informações sobre as expectativas dos clientes. As informações são coletadas por grupos de vendedores como fonte de previsão de demanda, segmentadas por áreas ou regiões (Ritzman; Krajewski, 2004, p. 264-266). Devemos, entretanto, observar algumas variações que esse método pode apresentar, especialmente em função das divergências individuais dos vendedores, os quais podem refletir otimismo ou pessimismo na determinação da demanda. Por exemplo, uma equipe de vendas de automóveis poderia estimar a quantidade de compradores de carros para o próximo período. Essas estimativas integrariam o processo de previsão de vendas da organização, influenciadas pelo otimismo ou pessimismo dos vendedores.

- Opinião de executivos

    Podemos utilizar, também, a opinião de especialistas da área analisada. Se o produto for a venda de roupas, serão especialistas os donos de lojas que vendem roupas. São executivos e especialistas, porque estão ligados diretamente ao mercado demandante. Com capacidade de discernimento e sendo provenientes de vários setores da empresa, formam um grupo que tem a responsabilidade de desenvolver a previsão de vendas (Ritzman; Krajewski, 2004, p. 264-266). Esse método permite que os valores analisados e as quantidades a serem produzidas estejam mais adequados à demanda, tanto pelo conhecimento histórico do mercado pelos executivos quanto pela própria análise ambiental que, naturalmente, é realizada por eles no desempenho de suas funções.

- Pesquisa de mercado

    A pesquisa de mercado é um método utilizado pelas empresas para determinar o interesse dos consumidores por um serviço ou produto. Fundamenta-se na formulação de perguntas e na tabulação das respostas de determinado grupo de pesquisados; os dados obtidos são extrapolados para todo o mercado. Esse método é bastante utilizado quando se quer comercializar um novo produto.

    A pesquisa de mercado depende da criação de um questionário que caracteriza o perfil do pesquisado e obtém as impressões sobre um produto ou serviço, o que permite uma análise baseada no perfil e no segmento ocupado pelo entrevistado. Esse questionário pode ser realizado de diversas formas, como por chamadas telefônicas, numa entrevista pessoal, por cartas etc. A amostra deve ser representativa de um mercado potencial, ou seja, a quantidade da amostra deve ser proporcional ao tamanho de mercado analisado.

Métodos quantitativos

Os modelos quantitativos de previsão são modelos matemáticos fundamentados em dados históricos utilizados na determinação da tendência da demanda. Para podermos falar em previsão da demanda, temos de considerar a precisão da coleta dos dados e, desse modo, podemos dizer que a pesquisa é mais precisa quando seus resultados são muito próximos aos dados reais.

Existem diversos métodos quantitativos que se utilizam somente de variáveis dependentes para serem formulados. É o caso dos métodos que utilizam médias que se baseiam na hipótese de que o padrão anterior continuará no futuro. Outros métodos consideram o uso de variáveis independentes para a previsão. Entre os primeiros, têm-se os métodos das médias e ajustamento sazonal; no segundo caso, é usado o método da regressão linear.

Pode-se, ainda, considerar o emprego de modelos que utilizem dados históricos sem qualquer tratamento, tal como a mesma demanda registrada no mesmo período do ano passado, ou até mesmo partindo do pressuposto de que as vendas de ontem serão as vendas de amanhã.

Abordaremos o método da média móvel, o da média móvel ponderada, o de ajustamento sazonal e o de regressão linear. Os modelos lineares são adequados para o estabelecimento de previsões na automação, uma vez que o volume a ser produzido é dimensionado para ser atendido por longos períodos de tempo, com o intuito de serem evitados erros e desperdício de recursos na elaboração do sistema automatizado.

- Método da média móvel

    O método da média móvel faz a média dos dados de períodos sequenciais para a previsão do período seguinte. Quando determinada uma quantidade padrão de dados a serem analisados, eles são mantidos para novas previsões. É interessante aplicarmos esse método quando a demanda não possui grandes variações e tendências acentuadas.

    Os elementos do método da média móvel são os seguintes:

    P = previsão

    D_t = demanda no período t

    n = número de períodos em análise

No exemplo a seguir, a previsão de demanda está para as semanas cinco, seis e sete. Então temos:

$$P = \frac{\Sigma \text{ últimas demandas}}{\text{números de elementos}} = \frac{D_t + D_{t-1} + D_{t-2} + \ldots + D_{t-n+1}}{n}$$

$$P_5 = \frac{100 + 110 + 105 + 115}{4} = 107,5$$

$$P_6 = \frac{110 + 105 + 115 + 110}{4} = 110,5$$

$$P_7 = \frac{105 + 115 + 110 + 105}{4} = 108,75$$

Semana	Consumo real	Previsão
1	100	
2	110	
3	105	
4	115	
5	110	107,50
6	105	110,00
7		108,75

Para calcularmos a previsão do mês cinco, consideramos o consumo real dos meses quatro, três, dois e um (as quatro últimas amostras) – analogamente para o período seis – os dados dos meses cinco, quatro, três e dois (as quatro últimas amostras).

- Método da média móvel ponderada

O método da média móvel ponderada tem as mesmas considerações relativas ao método anterior, contudo, nesse caso, são atribuídos pesos aos dados, para que a previsão reflita os dados mais recentes ou significativos. Veja o exemplo a seguir, no qual simplesmente atribuímos pesos (ponderações) aos dados do consumo real:

Os elementos do método da média móvel ponderada são os seguintes:

P = previsão

D_t = demanda no período t

i = peso atribuído ao dado

$$P = D_t \cdot i + D_{t-1} \cdot i + D_{t-2} \cdot i + \ldots + D_{t-n+1} \cdot i$$

Em que $\Sigma i = 100$

Nesse caso, a previsão de demanda é para as semanas cinco, seis e sete com as seguintes ponderações: 0,7 para a primeira semana anterior, 0,2 para a segunda semana anterior e 0,1 para a terceira semana anterior. Assim, temos:

$P_5 = 110 \cdot 0,7 + 105 \cdot 0,2 + 115 \cdot 0,1 = 109,50$

$P_6 = 105 \cdot 0,7 + 115 \cdot 0,2 + 110 \cdot 0,1 = 107,50$

$P_7 = 115 \cdot 0,7 + 110 \cdot 0,2 + 105 \cdot 0,1 = 113,00$

Semana	Consumo real	Previsão
1	100	
2	110	
3	105	
4	115	
5	110	112,50
6	105	110,50
7		107,00

Note que o padrão de dados a ser fixado, e que sempre deve ser igual a um, é aquele adquirido pela somatória dos pesos.

- Método da exponencial móvel

O método de exponencial móvel consiste na aplicação de um fator de correção na previsão do mês anterior, numa tentativa de nos aproximarmos ao máximo da variação entre a demanda real e a previsão realizada. Nesse caso, a previsão para o mês seguinte é muito útil. O ajuste se dá em uma margem de até 100% do diferencial encontrado, podendo ser positivo ou negativo (Martins; Laugeni, 2000).

Os elementos do método da exponencial móvel são os seguintes:

P = previsão
D_t = demanda no período t
α = constante de amortecimento
n = número de períodos em análise

$$P_t = P_{t-1} + \alpha \, (D_{t-1} - P_{t-1})$$

Assim, para o exemplo a seguir, se quisermos a previsão de demanda para as semanas cinco, seis e sete com o coeficiente de amortecimento igual a 0,3, temos:

$P_5 = P_{5-1} + 0,3 \, (D_{5-1} - P_{5-1})$

$P_5 = 110 + 0,3 \, (115 - 110) = 111,50$

$P_6 = 111,50 + 0,3 \, (110 - 111,50) = 111,05$

Semana	Consumo real	Previsão
1	100	
2	110	
3	105	
4	115	110,00
5	110	111,50
6	105	110,05
7		109,24

Analogamente: $P_7 = 111,05 + 0,3 (105 - 111,05) = 109,24$

- Ajustamento sazonal

O método do ajustamento sazonal consiste em estabelecermos índices, por meio de médias, para a determinação de um índice-base para cada período em estudo. Devemos, portanto, estabelecer uma média em cada período e determinar os coeficientes de sazonalidade deles. Na sequência, devemos fazer a projeção da demanda para o período a ser estudado (por qualquer método escolhido) e, pelos coeficientes, distribuir os valores em função da nova demanda (Martins; Laugeni, 2000). Por exemplo, suponha que seja necessário estabelecermos a previsão de produção de um item que se comporta conforme a demanda da Tabela 2.1 e queiramos prever os consumos para o ano quatro.

Tabela 2.1 – Definição dos coeficientes de sazonalidade

Trimestre	Períodos de análise			Coeficientes			Coeficiente médio
	1	2	3	1	2	3	
1	300	270	350	1,71	1,59	1,63	1,64
2	50	30	70	0,29	0,18	0,33	0,26
3	150	160	200	0,86	0,94	0,93	0,91
4	200	220	240	1,14	1,29	1,12	1,18
Demanda	700	680	860	Coeficiente 11 = 300/175 = 171			
Média	175	170	215	Coeficiente 21 = 270/170 = 1,59			

Estabelecemos a média dos coeficientes para cada período:

$$\text{Coeficiente médio} = \frac{1,71 + 1,59 + 1,63}{3} = 1,64$$

Em seguida, definimos a demanda por um dos processos: pela média. O resultado é a demanda com $D = \frac{700 + 680 + 860}{3} = 746,67$ unidades. Resta, portanto, o estabelecimento da média para os períodos e a distribuição da demanda média pelos coeficientes de sazonalidade. Assim, temos as previsões para o período sazonal.

Média para os períodos $= \frac{746,67}{4} = 186,6$

Com a média, podemos prever a demanda:

$D_1 = 1,64 \cdot 186,67 = 307$ unidades
$D_2 = 0,26 \cdot 186,67 = 49$ unidades
$D_3 = 0,91 \cdot 186,67 = 170$ unidades
$D_4 = 1,18 \cdot 186,67 = 221$ unidades

Trimestre	Coeficiente médio	Previsão para o período quatro
1	1,64	307
2	0,26	45
3	0,91	170
4	1,16	221
Demanda	746,67	747
Média	186,67	

Perceba que os valores calculados refletem, portanto, a demanda ocorrida pela média dos trimestres anteriores ao período da previsão, traduzido pelo cálculo dos coeficientes para cada trimestre.

- Método da regressão linear

O método da regressão linear consiste no estabelecimento de uma determinada função $Y = a + bX$, em que a variável dependente Y corresponde à previsão da demanda e a variável independente X corresponde ao período de análise da demanda procurada. Esse método permite a obtenção de uma solução baseada no estabelecimento de uma equação, independentemente de haver dados referentes a períodos intermediários aos quais se quer prever (Martins; Laugeni, 2000).

Esse método é adequado às previsões de longo prazo e, consequentemente, tem uma precisão reduzida em comparação com outros métodos. O formulário a ser utilizado na elaboração da função é:

$$Sxy = \Sigma^{xy} - \frac{\Sigma^x \cdot \Sigma^y}{n} \Rightarrow Sxx = \Sigma x^2 - \frac{(\Sigma^x)^2}{n}$$

$$Syy = \Sigma y^2 - \frac{(\Sigma^x)^2}{n} \Rightarrow r = b\sqrt{\frac{Sxx}{Syy}} = \frac{Sxy}{\sqrt{Sxx \cdot Syy}}$$

Pelo método dos mínimos quadrados tem-se Sxy, Sxx e Syy, que são os coeficientes que traduzem o comportamento de X e de Y, conforme a formulação que indicamos.

A letra *r* é o coeficiente de correlação que indica a precisão dos pontos em relação à reta que se originou na equação. Quanto mais próximo de 1, mais ajustada estará a reta, indicando uma melhor precisão na previsão. Por exemplo, se quisermos estabelecer a demanda que ocorrerá no período 10 e 11, temos, para nossa análise, os dados referentes ao comportamento da demanda, conforme a Tabela 2.2. É necessário que sejam definidos a equação da reta, o coeficiente de correlação e as previsões para os períodos 10 e 11.

Calculamos, a partir do período (X) e da demanda (Y), as variáveis necessárias à obtenção de XY, X2 e Y2. A partir daí, devemos substituir os dados nas equações, para obtermos Sxx, Syy e Sxy, calculando também b. Veja no exemplo a seguir.

Tabela 2.2 – Comportamento da demanda

	Período x	Demanda y	xy	x²	y²
	1	180	180	1	32400
	2	220	440	4	48400
	3	230	690	9	52900
	4	240	960	16	57600
	5	260	1300	25	67600
Somas	15	1130	3570	55	258900
Média	3	226			

$$Sxy = 3570 - \frac{15 \cdot 1130}{5} \Rightarrow Sxx = 55 - \frac{(15)^2}{5} \Rightarrow Syy = 258900 - \frac{(1130)^2}{5}$$

$$b = \frac{180}{10} = 18 \quad \text{-----------------------------------> } Y = 226 + 18 \cdot (X - 3)$$

Equação da reta

$$r = 18 \cdot \sqrt{\frac{10}{3520}} \quad r = 0{,}959 \quad \textit{Coeficiente de correlação}$$

Previsões para os períodos 10 e 11:

$Y_{10} = 226 + 18 \cdot (10 - 3) = 352$ unidades

$Y_{11} = 226 + 18 \times (11 - 3) = 370$ *unidades*

O coeficiente de correlação próximo de (1) e de (-1) indica que a equação da reta pode ser utilizada com razoável precisão para a determinação da demanda.

2.2.3 Escolha do método de previsão

Ao escolhermos um método de previsão para a automação, devemos levar em consideração diversos fatores. Alguns deles dizem respeito à disponibilidade das informações e ao valor necessário para obtê-las. Podemos considerar os seguintes itens na tomada de decisão:

- Precisão e custo – Existe uma relação direta entre os custos e a precisão para a obtenção da informação. Quanto mais precisa é a informação, maior é o custo para obtê-la. Assim, o administrador deve equilibrar os efeitos da obtenção da informação, utilizando-a corretamente.
- Qualidade dos dados – Muitas vezes, os dados disponíveis não são relevantes para a decisão por um método de previsão. Nesse caso, o administrador deve proceder à busca por dados mais confiáveis e com custos aceitáveis.
- Período de previsão – Deve-se, também, levar em conta o período de abrangência, o tempo considerado e as razões para a previsão antes de tomar a decisão de utilizá-la.
- Produtos e serviços – O ciclo de vida do produto determina o período de sua permanência no mercado. Quando se fazem previsões, o administrador deve levar em consideração essa natureza.

É possível selecionarmos o método de previsão de acordo com o resultado apresentado. Verificamos o quanto erramos utilizando determinado modelo em comparação a outro, ou seja, utilizaremos o modelo que apresentar o menor dos erros calculados. Alguns métodos para o cálculo dos erros que fundamentam a seleção do modelo de previsão são os seguintes:

- soma acumulada dos erros de previsão: Sae
- erro quadrado médio: Eqm

- desvio-padrão: Dp
- desvio absoluto médio: Dam
- erro percentual absoluto: Epa

A Tabela 2.2 demonstra os resultados dos cálculos para o estabelecimento dos erros, de acordo com os métodos citados e considerando que erro é a diferença entre o valor real (D) e a previsão (P) realizada (E=D-P). Veja o modelo na Tabela 2.3:

Tabela 2.3 – Modelo comparativo dos cálculos de erros

Período	Demanda	Previsão	Erro	(Erro)^2	Erro-Abs	Erro%-Abs
1	180	190	-10	100	10	5,56%
2	220	208	12	144	12	5,45%
3	230	226	4	16	4	1,74%
4	240	244	-4	16	4	1,67%
5	260	262	-2	4	2	0,77%
			0	280	32	15,19%

Erro quadrado médio = (Erro)^2 / 5 = 5,6

Desvio-padrão = 7,5

Dam = 32/5 = 6,4

Podemos também monitorar o desempenho das previsões por meio de cálculo de erros, aplicando ajustes nas previsões, baseando-nos nas tendências de suas variações.

Não podemos esquecer que a previsão eficaz da capacidade de produção, o tamanho da força de trabalho, a quantidade de matéria-prima comprada, os níveis de estoque e de caixa e, principalmente, a determinação da necessidade de automação exigem um sistema de planejamento da produção que somente será bem gerenciado com informações adequadas e precisas, as quais serão obtidas por meio de modelos de previsão que sejam adequados à situação da empresa.

2.3 Produtividade

Neste tópico abordaremos conceitos de *produtividade* ao considerarmos as variações entre os indicadores de produtividade, bem como sua análise, com foco, assim, na automação do sistema produtivo. Veremos que, mesmo quando uma operação produtiva é projetada e suas atividades planejadas e controladas, a tarefa do gerente de produção na automação não se encerra, pois todas as operações, não importa quão bem gerenciadas, são passíveis de melhorias.

2.3.1 Medidas e melhora do desempenho

A urgência, a direção e as prioridades de melhoramento serão determinadas parcialmente pela identificação do atual desempenho de uma operação, classificada em *boa*, *ruim* ou *indiferente*. Todas as operações produtivas necessitam de medidas de desempenho, de acompanhamento e de controle. Assim, a medida de desempenho é o processo de quantificar uma ação, sendo que a medida considera o processo de quantificação e o desempenho da produção leva em conta a regressão ou a evolução dos indicadores de análise.

Com base nos objetivos de desempenho (qualidade, velocidade, confiabilidade, flexibilidade e custo), temos a composição de diversas medidas menores, entre elas a da produtividade (Slack; Chambers; Johnston, 2002, p. 587).

O conceito de *produtividade* é muito abrangente e a conceituação necessária à automação também é adequada às outras abordagens. Uma concepção, talvez a mais comum, é a que considera a produtividade como a relação entre o valor do produto e/ou serviço produzido e o custo dos insumos para produzi-lo (Martins; Laugeni, 2000, p. 369). Assim, a produtividade depende essencialmente das saídas do processo produtivo e da razão entre as entradas, representadas pelos insumos.

Os custos dos insumos podem ser controlados pelas empresas; entretanto, elas têm sofrido pressão do mercado para baixarem o preço de venda e o valor de saída. Isso tem levado a uma verdadeira luta pelo aumento da produtividade.

O estudo e a avaliação da produtividade vêm recebendo atenção especial por parte das empresas, pois o mercado entende que elas somente sobreviverão se elevarem os níveis de produtividade – daí a necessidade de utilização das técnicas e dos mecanismos de automação estudados – tanto para bens de manufatura quanto para serviços.

Conforme você estudou no primeiro capítulo, a substituição da mão de obra na manufatura está em curso há décadas. Na década de 1980, ocorreram grandes mudanças de automação na manufatura e nos serviços. Atualmente, essa mudança está modificando drasticamente a combinação dos custos em muitas indústrias. Para algumas empresas, os trabalhadores da produção, ou mão de obra direta, representam uma parte tão pequena dos custos totais que a qualidade do produto, os estoques, a engenharia, os materiais, o embarque, as melhorias técnicas e outros custos gerais têm mais chances de representarem redução de custos e aumento da produtividade. Deixar de reconhecer esse fato pode ser uma grande armadilha em programas de melhoria da produtividade (Martins; Laugeni, 2000, p. 369).

Os fabricantes impulsionam a produtividade há décadas, em grande parte adotando o fechamento das fábricas antigas e a demissão de trabalhadores. Entretanto, algumas companhias concentram-se em investimentos de capital como maneira de reduzir a mão de obra, ignorando os enormes benefícios que podem ser obtidos com a melhoria na qualidade, com a redução de estoques e com a inserção, de maneira rápida, de novos produtos no mercado.

Avançados sistemas de computação, como o *Computer Aided Design* (CAD), a manufatura integrada por computador (*Computer Integrated Manufacturing* – CIM) e demais tipos de sistemas automatizados, como projetos de produtos inovadores e avanços na qualidade do produto, modificam profundamente a natureza das operações, tanto na manufatura como nos serviços.

2.3.2 Influenciadores da produtividade

Diversos fatores influenciam a produtividade nas organizações. O primeiro deles é aquele que indica quanto uma empresa investe em equipamentos e máquinas em relação à mão de obra. Notadamente, as substituições de equipamentos e mão de obra são realizadas para a obtenção de maior produtividade, o que é oferecido pela automação.

Outro fator fundamental, com relação à produtividade na automação, é a necessidade de atualização de mão de obra. Há carência de trabalhadores mais bem preparados, tendo em vista que as novas máquinas que surgem estão cada vez mais sofisticadas e exigem mais conhecimento.

A evolução tecnológica aliada à inovação perfaz equipamentos e ferramentas cada vez mais automatizados. Os investimentos em pesquisa e desenvolvimento permitem que as empresas evoluam tão rapidamente quanto desejem.

Restrições de caráter legal, por meio de legislação social ou ambiental, limitam a produtividade, restringindo até mesmo a quantidade de recursos a serem trabalhados, impondo normas para o controle de danos e a manutenção do ambiente.

A falta de insumos também limita o sistema produtivo e, consequentemente, afeta a produtividade. Por exemplo, a falta de energia elétrica pode gerar os "apagões", o que acarreta restrições de uso desse recurso, fazendo com que a produtividade de algumas empresas diminua.

O aumento na produtividade fornece meios para a redução nos preços, o aumento dos lucros, a segurança no trabalho e maiores salários, porém quase sempre requer mudanças na tecnologia, na qualidade ou na forma de organização das atividades, ou desses aspectos em conjunto, como vimos no capítulo anterior.

Na automação, consideramos a importância da produtividade em toda a sua abrangência; assim, devemos ser eficientes e eficazes. Consideramos a eficácia como a medida de quão próximo se chegou dos objetivos previamente estabelecidos. Assim, uma decisão ou ação é tanto mais eficaz quanto mais próximos dos objetivos estabelecidos chegarem os resultados obtidos, ou seja, é a capacidade de atingir os objetivos certos. Já a eficiência é a relação entre o que se obteve (saídas) e o que se consumiu em sua produção (entradas), dados medidos numa mesma unidade, ou seja, é a capacidade de utilizar os recursos de forma correta.

2.3.3 Conceituando produtividade

Na Europa, a definição formal de *produtividade* foi apresentada como sendo o quociente obtido pela divisão do que é produzido (saídas) por um dos fatores de produção (Martins; Laugeni, 2000, p. 373). Como essa definição é muito genérica, podemos falar em produtividade do capital, das matérias-primas, da mão de obra e, estando sujeito à produtividade, qualquer profissional, de qualquer área, pode adaptar o conceito. Exemplificando, se um economista, contador, gerente, político, líder sindical ou engenheiro de produção utilizar o conceito, há diferentes definições para o termo *produtividade*. Entretanto, uma análise cuidadosa leva a duas definições básicas: produtividade parcial e produtividade total.

Produtividade parcial é a relação entre o produzido, medido de alguma forma, e o consumido de um dos insumos (recursos) utilizados. Assim, a produtividade da mão de obra é uma medida da produtividade parcial. O mesmo é válido para a produtividade do capital.

Produtividade total é a relação entre as saídas totais e a soma de todos os fatores de entrada, refletindo o impacto do conjunto de todos os fatores de entrada na produção de saídas (Martins; Laugeni, 2000, p. 374).

A administração da produtividade é um processo formal de gestão que envolve todos os níveis de gerência e de colaboradores, com o objetivo último de reduzir custos de manufatura, de distribuição e de venda de um produto ou serviço, bem como a manutenção de elementos que traduzem a qualidade percebida pelo cliente, por meio da integração das quatro fases do ciclo da produtividade. Essas fases se compõem dos seguintes passos: medida, avaliação, planejamento e melhoria.

É possível a variação, tanto do numerador quanto do denominador, da equação apresentada da produtividade, que resulta na quantidade de produção e de recursos utilizados. E, desse modo, a produtividade na automação pode ser aumentada de diversas maneiras. Podemos aumentar a produtividade utilizando a mesma quantidade ou quantidades menores de recursos; reduzindo a quantidade de recursos utilizados, enquanto a mesma produção é mantida ou aumentada; permitindo que a quantidade de recursos utilizados se eleve, contanto que a produção se eleve mais; ou ainda, autorizando que a produção decresça, contanto que a quantidade de recursos utilizados decresça mais.

2.3.4 Indicadores de produtividade

A produtividade na empresa pode ser avaliada pelos indicadores mencionados a seguir.

A *produtividade total* é a relação entre a medida das entradas geradas entre dois instantes *i* e *j*, a preços do instante inicial e a medida das saídas consumidas entre os dois instantes *i* e *j*, a preços do instante inicial.

$$Pt = \frac{S_{ij}}{E_{ij}} = \frac{Saídas}{Entradas}$$

Observe que a fórmula da produtividade não inclui provisões para os preços dos produtos nem dos serviços ou dos custos dos recursos. Há, entretanto, importantes implicações nessa fórmula referentes a preços e custos. Note que quando o custo de um recurso se eleva e caso os lucros tiverem de se manter os mesmos, deve ocorrer alguma combinação de aumento da produção, diminuição da quantidade de recursos utilizados ou elevações de preços dos produtos ou dos serviços. Por exemplo, quando os índices salariais se elevam, quanto a produção deve ser maior em cada hora de trabalho ou quando os preços de produtos e serviços devem se elevar para que os lucros não reduzam.

A produtividade é uma avaliação efetuada entre dois instantes no tempo. Assim, faz sentido afirmarmos que há produtividade no dia, no mês, no ano; produtividade da máquina automatizada; produtividade do sistema automatizado, que deverão ser nivelados para que o sistema funcione como um só. A variação da produtividade é avaliada entre dois períodos consecutivos ou não. Com isso, podemos ter, conforme indicam Martins e Laugeni (2000, p. 378–379):

- **Produtividade parcial do trabalho ou da mão de obra** – *É a relação entre as saídas totais no período, a preços constantes, e as entradas de mão de obra no mesmo período, a preços também constantes.*
- **Produtividade parcial do capital** – *É a relação entre as saídas totais no período, a preços constantes, e as entradas de capital no mesmo período, a uma taxa de retorno constante.*
- **Produtividade parcial dos materiais** – *É a relação entre as saídas totais no período, a preços constantes, e as entradas dos materiais intermediários comprados no período, a preços constantes.*

Portanto, temos que a produtividade de um recurso é a quantidade de produtos ou serviços produzidos num intervalo de tempo, dividida pela quantidade necessária desse recurso (Gaither; Frazier, 2001, p. 459). A produtividade de cada recurso pode e deve ser medida mesmo que não seja exata. Medidas, como as que seguem, podem ser usadas para determinar a produtividade.

- **Capital** – Número de produtos produzidos dividido pelo valor do ativo.
- **Materiais** – Número de produtos produzidos dividido pelo dinheiro gasto em materiais.
- **Mão de obra direta** – Número de produtos produzidos dividido pelas horas de trabalho.
- **Gastos gerais** – Número de produtos produzidos dividido pelo dinheiro gasto com gastos gerais.

Um cálculo de produtividade de materiais que inclui preço, por exemplo, pode ser indesejável, pois esse elemento não reflete o seu real valor no processo. Entretanto, não há outra maneira prática de combinarmos as muitas unidades de medição para os diversos materiais utilizados na produção.

2.3.5 Produtividade mediante análise de multifatores

Como vimos anteriormente, as medidas parciais têm suas deficiências, mas são consideradas ponto de partida para rastrear a produtividade, a fim de que os gerentes possam estar cientes de tendências desta.

Nas últimas décadas, quando o custo da mão de obra era o custo predominante da produção, a produtividade era medida pela produção por hora da mão de obra direta. Atualmente, entretanto, há necessidade de olharmos além dos custos da mão de obra direta e desenvolvermos uma perspectiva de múltiplos fatores.

O Bureau of Labor Statistics (2004) afirma que a produtividade de multifatores (*Multifactor Productivity* – MFP) mede as mudanças na produção por unidade de contribuições combinadas que, em nosso caso, são muito importantes para os sistemas automatizados. São produzidos índices de MFP para os negócios de empresas privadas e de setores industriais da economia. Os MFP são, também, desenvolvidos para classificação industrial, como a indústria de transporte ferroviário e aéreo e de serviços públicos.

As medidas de produtividade descrevem a relação entre a produção em reais condições e as contribuições envolvidas. Essas medidas não calculam as contribuições específicas de trabalho, de capital ou de qualquer outro fator de produção. São projetadas para medirem as relações comuns de produção entre capital, trabalho, crescimento econômico, mudança tecnológica, melhorias de eficiência, escala de lucros, a relocação de recursos devido a trocas e outros fatores.

Síntese

O texto apresentado neste capítulo proporcionou que você conhecesse os modelos de comportamento encontrados no mercado e que demandam as organizações. Identificamos as demandas pela média, com tendência linear, sazonal ou cíclica, tendência não linear e, também, indicamos quando existe flutuação aleatória da demanda. Partindo da demanda, apresentamos os modelos de previsão de demanda que permitirão ao gestor se programar para o futuro por meio de métodos quantitativos e qualitativos. A produtividade foi tratada como um fator distintivo na automação, pois é base para a sua realização. Introduzimos elementos de análise para permitir a comparação dentro dos diversos integrantes.

Questões para revisão

1. Dos elementos a seguir, indique a opção que representa aqueles que têm um horizonte de previsão de longo prazo. Justifique a sua resposta.

    a) Força de trabalho e estoque.

    b) Matérias-primas.

    c) Capacidade de setores.

    d) Projeto e construção de fábricas e instalação de novas linhas de produtos.

    e) Capacidade de máquinas e de linhas de produtos.

2. Qual é o modelo de previsão que mais se ajusta às fases de introdução e de declínio dos produtos, dentro da abordagem do ciclo de vida do produto?

Para as próximas questões, marque a opção **correta**:

3. Dentre os métodos que calculam os erros, qual deve ser escolhido?

    a) Aquele que apresenta o menor erro de previsão.

    b) Aquele que apresenta o maior erro de previsão.

    c) Aquele que utiliza o desvio-padrão.

    d) Aquele que utiliza a soma acumulada dos erros de previsão.

4. Marque a opção a seguir que apresenta o item que **não** deve ser considerado como influenciador da produtividade na automação:

    a) Capacidade de investimentos.

    b) Demanda de produção.

    c) Mão de obra.

    d) Restrições de caráter legal.

5. A administração da produtividade é um processo formal de gestão que envolve todos os níveis da gerência e de colaboradores e que deve ser obtido por meio de quatro fases do ciclo da produtividade. Identifique a seguir o item que **não** integra as fases do ciclo da produtividade:

    a) Medida.

    b) Avaliação.

    c) Planejamento.

    d) Constância.

Questões para reflexão

1. Consulte na internet casos de automação comercial e industrial e verifique quais as técnicas e tecnologias empregadas para aumentar a produtividade. Identifique as áreas de atuação e, se possível, o projeto sugerido para o aumento de produtividade. Analise as situações anterior e posterior à automação.

Para saber mais

BANDEIRA, A. A. **Indicadores de desempenho**: instrumentos à produtividade organizacional. Rio de Janeiro: Qualitymark, 2010.

Você poderá aprofundar-se um pouco mais nas contribuições de Anselmo Alves Bandeira lendo seu livro *Indicadores de desempenho*, publicado pela Editora Qualitymark em 2010.

3 qualidade e custos na automação

Conteúdos do capítulo:
- *Conceitos fundamentais de produção, vinculados a custos e qualidade;*
- *Aplicação de custos em uma abordagem financeira e econômica na automação;*
- *Parâmetros de qualidade na automação;*
- *Formas de controle.*

Após o estudo deste capítulo, você será capaz de:
- *compreender conceitos fundamentais de produção;*
- *escolher métodos de custeio para análise produtiva;*
- *interpretar e adaptar o ambiente econômico na automação;*
- *realizar a avaliação financeira de um sistema automatizado;*
- *reconhecer o conceito de qualidade ajustado à automação;*
- *utilizar ferramentas básicas de qualidade na automação.*

Neste capítulo, abordaremos os custos na automação sob a perspectiva da avaliação econômica e de uma análise financeira para considerar ou não a implementação da automação. Serão examinados aspectos sobre qualidade na automação e a forma de considerá-la no sistema produtivo. Apresentaremos formas de planejamento e de controle, bem como ferramentas de qualidade adequadas aos parâmetros executáveis da automação na produção.

3.1 Conceitos fundamentais de produção

A seguir, apresentamos a você alguns conceitos que são fundamentais para a produção e que também devem ser considerados para a automação de forma distinta. São eles: tempo de ciclo total; altas taxas de produção; alta produtividade; disponibilidade; utilização.

- O **tempo de ciclo total** nos indica parcialmente quanto tempo poderemos levar para entregar um produto a um cliente. Sendo assim, o tempo do ciclo corresponde ao tempo total para produzir o produto. Para isso, devem ser considerados o tempo de produção na operação (tempo gasto nas máquinas ou montagens) e o tempo de não operação (tempo gasto no transporte, na espera, na troca de ferramentas e outros). No ambiente moderno de negócios, a habilidade de uma empresa industrial para entregar o produto a um cliente no tempo mais curto possível traduz-se num diferencial competitivo. Sistemas industriais automatizados flexíveis devem ser projetados atualmente para atender os diferentes projetos no tempo mínimo de ciclo total.
- **Altas taxas de produção** e **alta produtividade** são objetivos muito importantes em automação e se concretizam ao reduzirmos o tempo de manipulação, o tempo de processamento, o tempo de troca de ferramentas ou sua variabilidade e o tempo de organização. Outro objetivo da automação é aumentar a capacidade de produção ou fazer mudanças para aumentá-la, sem a necessidade de realizar ajustes drásticos no quadro de funcionário.
- A **disponibilidade** e a **utilização** são medidas úteis de desempenho de planta. A disponibilidade dá indicação do desempenho da equipe de manutenção, a respeito de quando essa equipe conserta ou mantém o equipamento funcionando. Se a avaliação resultar em 100% de disponibilidade, indica que o equipamento

utilizado está adequadamente funcionando e o pessoal da manutenção realiza eficientemente seu trabalho. Quando um equipamento é novo (em fase de adaptação e ajuste) ou quando começa a envelhecer, sua disponibilidade tende a ser mais baixa. A manutenção é importante para o equipamento automatizado, porque o sucesso da operação depende da disponibilidade da máquina. A medida de utilização fornece uma avaliação de como estão sendo utilizados os recursos de produção. Caso a utilização esteja baixa, indica que os recursos não estão sendo utilizados em sua capacidade. Isso normalmente gera custos, pois a empresa pagou por um recurso de produção que não está sendo aproveitado completamente. A empresa deve considerar um aumento na capacidade produtiva quando a utilização for muito alta (próximo a 100%).

3.2 Custos na automação

O gestor deve se assessorar de pessoas altamente qualificadas que auxiliem na implementação da automação do sistema produtivo, independentemente da modalidade da empresa.

O reconhecimento e o controle de todos os custos incorridos tornam-se um ponto essencial no processo produtivo que se deseja automatizar. É evidente que os custos a serem avaliados deverão ser aqueles ligados diretamente ao item, processo ou sistema.

Podemos dividir os custos, na produção de um produto, em diretos e indiretos. A diferença entre os dois baseia-se na influência do custo no processo de produção. Essa metodologia invariavelmente gera distorções que devem ser analisadas e ponderadas pelo gestor.

De forma bem clara, existe um método que adota o sistema de custeio por atividades, como forma de considerar os custos específicos da automação. Conhecido como *Active-Based Costing* (ABC), o custeio baseado em atividades procura, portanto, identificar todos os custos gerados pela elaboração do produto, evitando ao máximo a alocação indireta desses custos e obrigando o gestor a conhecer as metodologias produtivas com as quais está trabalhando.

O ABC é um tipo de custeio que serve a análises de custos quando se quer, na atividade, que eles surjam somente da própria atividade.

Notadamente, o custeio ABC é aplicado a produtos e, em nosso caso, poderá ser aplicado na avaliação e na concepção de produto e de sistema produtivo, tanto antes da automação como durante seu projeto, combinando-se várias técnicas de análise de custos.

Para a automação, é fundamental que o ABC, sendo uma técnica de controle e alocação de custos, permita atribuir custos aos produtos, tendo como parâmetros a utilização de geradores desses custos. Podemos, assim, analogamente ao processo de se automatizar, atribuir custos.

3.2.1 Avaliando custos

Podemos automatizar todo o processo produtivo ou parte dele, podendo considerar ou não algumas ferramentas de controle. Entretanto, em qualquer dos casos, devemos estabelecer uma relação de custo-benefício do processo atual para a automação. A forma adequada é tratar a alteração como um investimento comparado. Os ganhos obtidos com a automação somente serão visíveis a longo prazo ou quando o gestor realizar uma análise financeira. Assim, é imprescindível que o gestor da produção adquira conhecimentos sobre as necessidades e consequências econômico-financeiras ao automatizar o processo produtivo.

Restringindo os custos às partes, podemos realizar uma análise da situação atual com um comparativo do projeto do equipamento ou do sistema automático proposto. Exemplificando, podemos ter um operador que realize, em uma esteira, a contagem manual de peças defeituosas. Podemos atribuir o custo da mão de obra, nesse caso, como o custo da contagem. Para que haja a automação da contagem, deverão ser colocados sensores e contadores que realizarão o trabalho no lugar do operador. Desse modo, podemos realizar um comparativo financeiro entre os custos da mão de obra na contagem *versus* os custos da instalação dos componentes da automação, para podermos avaliar o retorno do investimento e verificar se a automação será viável ou não.

Com isso, podemos considerar os sensores e os contadores como um investimento comparativo à situação atual. Podemos, então, realizar o mesmo comparativo ao automatizar a planta ou parte dela.

3.2.2 Ambiente econômico

A avaliação econômica exige que o gestor da produção reconheça os aspectos do ambiente econômico no qual a empresa está inserida, bem como as políticas econômicas do país ou dos países com os quais sua organização tem relacionamentos comerciais.

Realizar uma avaliação econômica é conhecer como se comporta a relação entre a demanda e a oferta e a relação entre a demanda *versus* oferta do produto para o qual se quer automatizar a planta. Devemos conhecer, também, as relações entre o preço de venda, o custo do produto e o lucro a ser auferido. Tais considerações são fundamentais para que seja estabelecido o adequado ponto no qual o investimento passa a ter retorno.

Como você pôde observar durante a leitura do Capítulo 2, realizar uma adequada previsão de demanda é fundamental para a estratégia da empresa. Quando a previsão é feita de maneira correta, o gestor tem mais segurança para realizar a automação na medida certa.

Ao realizar a previsão de demanda, temos condição de avaliar se o nosso produto apresenta demanda inelástica a preço, ou seja, se a quantidade demandada varia numa proporção menor que o preço. Sugere-se, assim, que para o aumento de pessoas interessadas no produto, o preço deste no mercado crescerá pouco proporcionalmente à demanda. Ou, se a demanda é elástica a preço, a situação inversa à anterior se apresenta. Outros fatores deverão ser considerados na análise, tais como a sazonalidade do produto, a demografia da população, a renda e a distribuição da população, a capacidade de exportação baseada nas condicionantes da economia etc.

A oferta representa a relação direta da empresa com a tecnologia de produção, que são os recursos empregados nesse processo, significando a importância da automação. A oferta indica em quais escalas de automação devemos trabalhar. Quando disponibilizamos uma grande oferta de produtos no mercado, tentamos reduzir, ao máximo, as perdas. Para isso, são necessários a qualidade e os sistemas de controle para a automação, comprando-se equipamentos de maior capacidade e produtividade. O gestor deve conhecer a oferta de mercado que representa a quantidade total de produtos disponibilizados para os seus produtos e os similares a eles. Assim, a oferta será elástica a preço se um pequeno aumento no preço aumentar muito a oferta do produto; considera-se, nesse caso, que houve um aumento na produção com pequeno custo.

Para estabelecer os parâmetros de automação o gestor deverá considerar o equilíbrio formado entre a demanda exigida e a oferta. Assim, é necessário realizar uma análise de mercado, avaliando como o mercado está funcionando, se é livre ou controlado por restrições governamentais, qual o comportamento dos consumidores frente ao aumento da oferta e qual a parcela de mercado (*market share*) atribuída ao produto.

Os dados deverão compor um planejamento estratégico que é vital para a organização; a relação custo *versus* lucro deve atender às necessidades dos investidores e aos objetivos da organização.

Podemos acrescentar que, após o ocorrido em 1986*, por medida de decreto, a moeda brasileira se estabilizou, aumentando, assim, o poder de compra da população. As fábricas e as indústrias não conseguiram atender à demanda exigida, demonstrando que não tinham a capacidade, naquele momento, de grandes elevações de produção, porque elas exigem investimentos de longo prazo, e estes necessitam ser habilmente planejados.

3.2.3 Avaliação financeira

O termo *finanças* pode ser definido como "a arte e a ciência de administrar fundos", ou recursos (Gitman, 1997, p. 4). Consequentemente, o gestor deverá realizar a análise de investimentos para a justificativa financeira empregada na automação, considerando o retorno esperado pelos acionistas.

O valor do investimento é representado por todos os custos referentes à automação realizada. O retorno é traduzido pelos ganhos obtidos com o aumento da produtividade e a redução de outros recursos, assim como com a avaliação da variação do preço conseguido no mercado.

Citamos a seguir as três técnicas de análise de investimentos mais comuns e usuais para justificar ou não os investimentos realizados pelas empresas:

- período de *pay back*;
- valor presente líquido;
- taxa interna de retorno.

Período de *pay back* é o período de tempo exato necessário para uma empresa recuperar seu investimento inicial em um projeto, podendo ser obtido ao dividir o investimento inicial pelas entradas de caixa em uma série de pagamentos uniformes ou, quando não uniformes, ao realizar deduções no período até a recuperação total do investimento.

Exemplificando: um investimento de R$ 1.000,00 tem um fluxo de caixa conforme o apresentado na Figura 3.1 a seguir:

---

* A presidência da República, por meio do Decreto-Lei nº 2.283/1986, alterado pelo Decreto-Lei nº 2.284/1986, alterou a moeda nacional de Cruzeiro para Cruzado e "congelou" o seu valor, não permitindo a correção monetária até 28 de fevereiro de 1987, mantendo os preços fixos nesse período.

Figura 3.1 – Fluxo de caixa de investimento

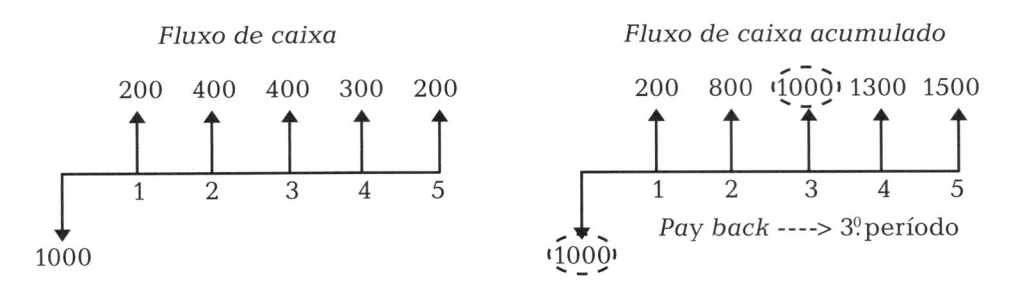

```
Fluxo de caixa                          Fluxo de caixa acumulado

    200   400   400   300   200           200   800  (1000) 1300  1500
     ↑     ↑     ↑     ↑     ↑              ↑     ↑     ↑     ↑     ↑
     1     2     3     4     5              1     2     3     4     5
   ↓                                                Pay back ----> 3º período
  1000                                   ↓
                                       (1000)
```

Verificamos, portanto, que devem decorrer três períodos de tempo para a recuperação do investimento, resultando no fato de que a empresa somente terá retorno do investimento depois de decorrido esse prazo.

Esse método ignora o valor do dinheiro no tempo e não releva os ganhos após a recuperação do investimento. Também não considera as diferenças nas entradas de caixa, mas a liquidez do projeto, revelando seu risco. Deve ser utilizado para complementar outros métodos no auxílio à tomada de decisão.

O valor presente líquido (VPL) é definido como o valor presente das entradas de caixa menos o investimento líquido (Ross et al., 1995). Nesse caso, a empresa desconta as entradas do fluxo de caixa a uma taxa que é chamada de *taxa de desconto*, *custo do capital*, *custo de oportunidade* ou *taxa mínima de atratividade* que é exigida pelo investidor. Essa taxa dada pela fórmula a seguir e, aplicada ao exemplo anterior, reflete o resultado do investimento:

$$VPL = \sum_{j+1}^{n} \frac{R_j}{(1+i)^j} - I_0$$

Em que:

R_j = Receita liquída (no período "j");

I_0 = Investimento liquído na data zero;

I = taxa de desconto ou taxa mínima de atratividade, para o exemplo = 10%;

n = Vida útil da alternativa de projeto.

$$VPL = \frac{200}{(1+0{,}1)^1} + \frac{400}{(1+0{,}1)^2} + \frac{400}{(1+0{,}1)^3} + \frac{300}{(1+0{,}1)^4} + \frac{200}{(1+0{,}1)^5} - 1000 =$$

VPL = 142,01 (Nesse caso, aceita-se o projeto).

Quando o VPL obtido é maior que zero, aceitamos como alternativa o projeto, caso contrário, devemos rejeitá-lo. O VPL maior ou igual a zero significa que a alternativa de projeto remunera a empresa a uma taxa igual ou superior à taxa mínima exigida. O VPL representa o valor restante após terem sido pagos o investimento propriamente dito e a taxa mínima de atratividade.

Quando estivermos comparando alternativas de investimentos com durações idênticas, devemos escolher aquela de maior VPL.

A **taxa interna de retorno** (TIR) é definida com a taxa de desconto, que iguala o VPL das entradas de caixa ao investimento inicial, referente a um projeto, ou seja, é quando o VPL é igual a zero. Para o cálculo da TIR, é utilizado o método de tentativa e erro, atribuindo-se valores à taxa da fórmula do VPL já indicada, até que se obtenha um resultado igual a zero (Gitman, 1997).

Para o nosso exemplo, a TIR resultaria em 15%. Como a TIR é maior que a taxa mínima de atratividade (10%), podemos aceitar o projeto. Essa taxa pode ser utilizada em comparações de projetos em que o valor de retorno, para efeito de comparação, não representa realmente o valor absoluto de projeto.

3.3 Qualidade na automação

Existem algumas dificuldades na conceituação de *qualidade*. De uma forma geral, podemos considerar correta uma definição para qualidade aquela que envolva os dois elementos a seguir, de acordo com Paladini (2004, p. 28):

- *a qualidade envolve muitos aspectos simultaneamente, ou seja, uma* **multiplicidade de itens**. *Essa seria o componente "espacial" do conceito;*
- *a qualidade sofre alterações conceituais ao longo do tempo, isto é, trata-se de um* **processo evolutivo**. *Essa seria o componente "temporal" do conceito.* [grifo do original]

A American Society for Quality (2005) afirma que a qualidade é

> *um termo subjetivo para o qual cada pessoa tem a sua própria definição. Tecnicamente, a qualidade pode ter dois significados: 1. as características de um produto ou serviço que satisfazem as necessidades dos consumidores. 2. um produto ou serviço livre de deficiências.* [tradução nossa]

As definições consideradas nessa citação são abrangentes. A afirmação que mais se ajusta ao processo de automação nas empresas é a apresentada por Crosby, citado por Ambrozewicz (2003, p. 24), e indica que para as considerações de qualidade no processo produtivo a "qualidade significa conformidade com as especificações", fundamentando-se, ainda, em quatro bases (p. 24):

- *o desempenho do sistema é medido pelo custo da não conformidade (má qualidade);*
- *deve haver a definição de um sistema de prevenção de defeitos para a atuação antes da ocorrência destes;*
- *cada indivíduo na empresa deve buscar o "zero defeito";*
- *a conceituação da qualidade é tratada como "conformidade às especificações".*

Avaliando as bases indicadas, podemos considerar que no processo produtivo a importância do produto ser executado conforme (livre de defeitos) é fundamental. Para isso, os gestores da produção se valem das ferramentas da qualidade para o planejamento e controle desta.

Essa consideração, na automação, significa que o sistema proposto não pode nem deve apresentar falhas em sua concepção, sendo essa fase o ponto de maior ocorrência de falhas; assim, faz-se mister o planejamento da qualidade.

Devemos considerar, ainda, o conceito *controle da qualidade total*, apresentado por Feigenbaun, citado por Ishikawa (1997, p. 93-94), que é definido como

> *um sistema eficiente para a integração do desenvolvimento de qualidade, da manutenção de qualidade e dos esforços de melhoramento de qualidade dos diversos grupos em uma organização, para permitir produção e serviços aos níveis mais econômicos, que levam em conta a satisfação do consumidor.*

Essa definição acrescenta outros fatores importantes para a automação, como a consideração econômica do sistema e os melhoramentos da qualidade, implicando evolução e renovação.

Na automação, é comum que a realização dos sistemas automáticos seja efetuada por diversos tipos de empresas e fornecedores. Assim, além da qualidade essencial ao processo de automação, devemos considerar a qualidade dos produtos e serviços oferecidos pelos fornecedores, bem como suas características funcionais, pois a falha não prevista em um sensor pode comprometer toda a instalação de uma planta.

3.4 Avaliação da qualidade na automação

Avaliar a qualidade significa medi-la e verificar se ela está dentro das especificações esperadas. Sua importância decorre justamente da comparação entre a situação atual e a situação planejada. Quando detectadas diferenças, elas podem ser ajustadas para que o sistema não falhe e apresente os resultados esperados.

Os indicadores de qualidade deverão integrar um sistema organizacional de avaliação, de modo que a organização possa se beneficiar de todo o potencial do processo. A avaliação deve se dar em função de bases mensuráveis, numéricas e contínuas.

De acordo com Paladini (2002), os elementos básicos para os quais a avaliação da qualidade se direciona são: "consumidores e clientes, objetivos da empresa, processo produtivo, mão de obra e suporte ao processo".

Destacamos, para a automação da produção, o processo produtivo, a mão de obra e o suporte ao processo, os quais deverão ser apropriadamente avaliados e integrados ao sistema de avaliação da qualidade.

3.4.1 Planejamento da qualidade

Existem diversas metodologias que indicam como realizar o planejamento em prol da administração da qualidade. Nesse quesito, é interessante citarmos, de acordo com Martins e Laugeni (2000, p. 506-507), os princípios de Deming, segundo os quais devemos:

- planejar a longo prazo;
- não ser complacentes quanto à qualidade dos produtos;
- estabelecer controle estatístico sobre os processos e os fornecedores;
- negociar com menor número de fornecedores – os melhores;
- descobrir se os problemas se confinam às partes específicas do processo de produção ou se derivam do processo total;
- treinar os empregados para o trabalho programado pela organização;
- elevar a qualidade dos supervisores de linha;
- eliminar o medo;
- encorajar os departamentos a trabalharem juntos;
- não adotar objetivos estritamente numéricos, nem mesmo a forma popular de "zero defeitos";

- exigir que os funcionários realizem um trabalho de qualidade e não somente fiquem em seus postos;
- treinar os empregados para que compreendam métodos estatísticos;
- treinar os empregados para novas habilidades à medida que surjam necessidades;
- tornar os altos administradores responsáveis pela implementação desses princípios.

Relativo à solução de problemas, devemos desenvolver o ciclo PDCA (do inglês – *Plan, Do, Check, Action* – planejar, fazer, checar e agir sobre a não conformidade), fazendo com que o produto ou o sistema em análise evolua a cada avaliação realizada pelo método.

Outra abordagem para o ciclo PDCA é o método de análise e solução de problemas, conhecido como *Masp*. Já com o *kaizen*, uma filosofia que traduz a melhoria contínua, em que *kai* significa "modificar" e *zen* significa "para melhor", temos uma filosofia organizacional e comportamental. O *kaizen* pode ser direcionado especificamente para a produção, conforme indicamos a seguir:

- *kaizen* de projeto – desenvolvimento de novos conceitos para novos produtos.
- *kaizen* de planejamento – desenvolvimento de um sistema de planejamento;
- *kaizen* de produção – desenvolvimento de ações que visem eliminar desperdícios no chão de fábrica.

O *kaizen* é como um guarda-chuva, pois engloba diversas técnicas da qualidade, tais como gestão da qualidade total, melhoria contínua da qualidade, *just in time*; 5S; *Total Productive Maintenance* (TPM); *poka-yoke*, projeto de novos produtos, zero defeitos, *kanban*, círculos da qualidade, parcerias cliente-fornecedor, *Single Minute Exchange of Dies* (Smed); orientação aos consumidores, grupos autônomos etc.

Outras técnicas podem ser incorporadas para um planejamento baseado no *kaizen*. Das técnicas citadas, destacamos o TPM, que será visto no capítulo reservado à manutenção. Quanto ao *poka-yoke*, trata-se de dispositivos colocados ao longo do sistema produtivo e que impedem a ocorrência de falhas. Já os círculos da qualidade (grupos específicos para o estudo da qualidade) e o Smed reduzem o tempo de troca de ferramentas no sistema produtivo.

3.4.2 Ferramentas de controle

■ Pense a respeito!

> É certo que os produtos podem apresentar defeitos, mas o que na realidade são esses defeitos? Podemos considerar que um defeito apresenta-se em um produto quando temos uma variação na produção além das especificações. Exemplificando, ao produzirmos uma determinada peça X, especificamos que ela deve ter 8 mm ± 0,5 mm de diâmetro. Apresentará defeito se for produzida com medidas acima de 8,5 mm ou abaixo de 7,5 mm. Podemos concluir então que devemos realizar medições para a avaliação da qualidade do produto.

Para fazer as medições, existem diversos tipos de ferramentas, mas destacam-se as **folhas de verificação**, que servem para realizar as anotações de forma ordenada para a efetivação das análises. Podemos ter as seguintes folhas:

- folha de verificação para a distribuição do processo de produção;
- folha de verificação para item defeituoso;
- folha de verificação para localização de defeitos;
- folha de verificação de causa de defeito.

A partir das folhas de verificação podemos construir os **histogramas** que definirão a forma das **distribuições** e, assim, verificamos o comportamento dos defeitos analisados. Podemos, também, utilizar o conteúdo das folhas de observação para a construção do **gráfico de Pareto**, idealizado por Joseph Juran. Para a construção do gráfico de Pareto aplica-se um método gráfico como forma de classificar os problemas da qualidade em pouco vitais (problemas importantes) ou muito triviais. Assim, denominamos esse método de *análise de Pareto*. Veja na Figura 3.2 a seguir uma combinação de folha de verificação, histograma e distribuição.

Figura 3.2 – Combinação de folha de verificação, histograma e distribuição

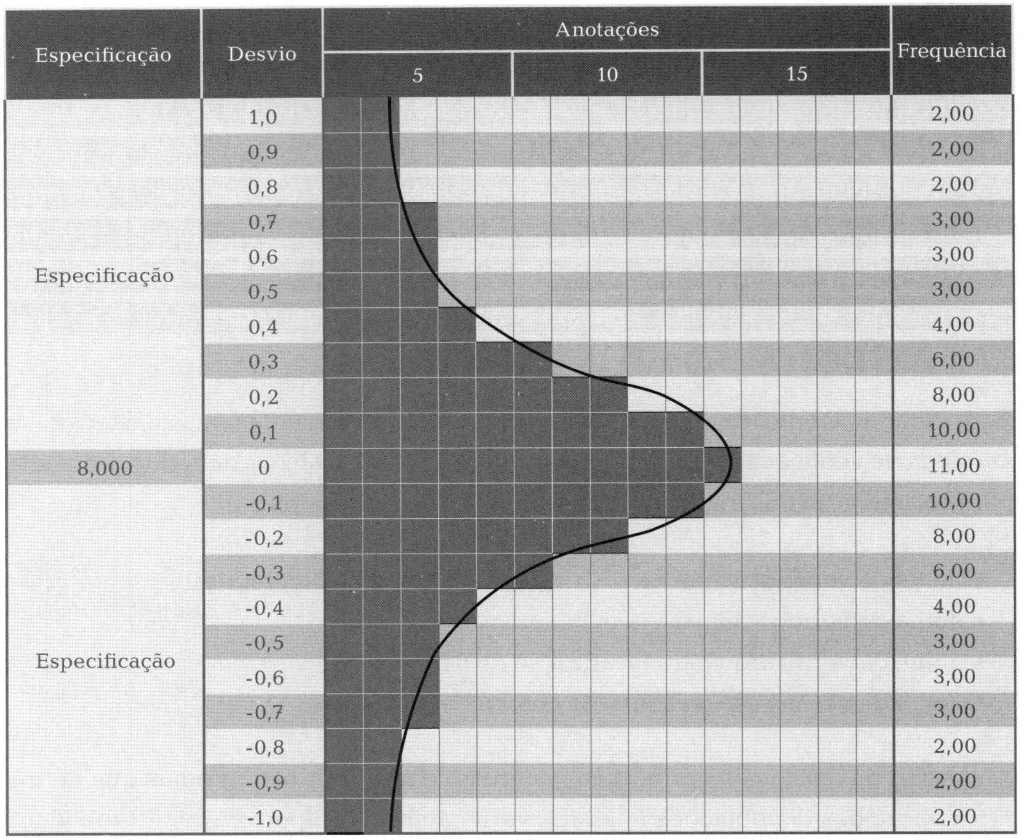

Especificação	Desvio	Anotações			Frequência
		5	10	15	
	1,0				2,00
	0,9				2,00
	0,8				2,00
	0,7				3,00
Especificação	0,6				3,00
	0,5				3,00
	0,4				4,00
	0,3				6,00
	0,2				8,00
	0,1				10,00
8,000	0				11,00
	-0,1				10,00
	-0,2				8,00
	-0,3				6,00
	-0,4				4,00
	-0,5				3,00
Especificação	-0,6				3,00
	-0,7				3,00
	-0,8				2,00
	-0,9				2,00
	-1,0				2,00

Outra ferramenta poderosa na resolução de problemas é o diagrama de causa e efeito proposto por Kaoru Ishikawa, o qual sintetizou opiniões dos engenheiros de uma fábrica na forma de um diagrama enquanto discutiam problemas de qualidade. Trata-se um diagrama que mostra a relação entre uma característica da qualidade e outros fatores. Há dois tipos usuais de construção:

- diagramas de causa e efeito para identificação de causas;
- diagramas de causa e efeito para levantamento sistemático das causas.

E, finalmente, uma das ferramentas estatísticas mais poderosas para o gestor da automação é o gráfico de controle, que se traduz no planejamento e controle de processo (PCEP). Os PCEP utilizam esses gráficos, que são esquemas visuais desenvolvidos por Walter Shewart na década de 1920, com o uso de fundamentação estatística, transparente ao usuário (Paladini, 2002).

Você pode conferir uma representação do gráfico de controle na figura a seguir:

Figura 3.3 – Representação do gráfico de controle

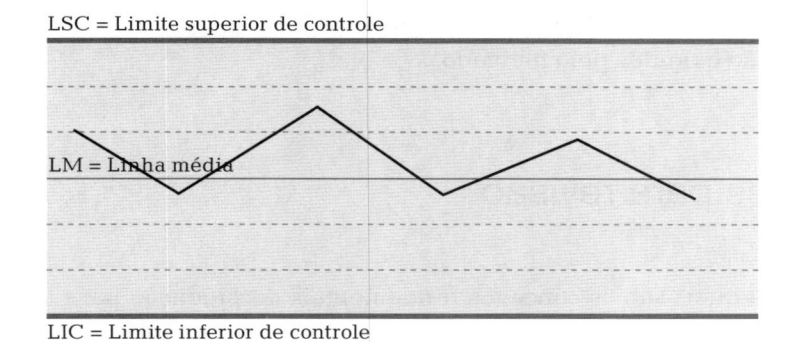

LSC = Limite superior de controle

LM = Linha média

LIC = Limite inferior de controle

O eixo horizontal consiste no número de amostras. As medições devem se situar entre os limites de controle e, ainda, dentro das especificações formuladas pela produção.

A utilização desses gráficos, associados a dispositivos de controle, permite que o gestor da produção na automação antecipe problemas que possam causar variações nos processos, realizando as correções antes mesmo de surgirem esses problemas. Portanto, é conveniente um estudo aprofundado dos gráficos de controle no planejamento e controle de processos.

Síntese

A automação de sistemas produtivos implica análises exaustivas realizadas pelos gestores. Essas análises passam obrigatoriamente pela realização de estudos em diversas áreas. Destacamos duas delas, a área de custos com destaque especial para a abordagem econômica, uma vez que os investimentos em automação são substanciais e devem ser considerados especialmente no longo prazo; não esqueçamos também de proporcionar os aspectos financeiros, destacando como o investimento retornará para a organização com base na análise por duas ferramentas financeiras, o VPL e a TIR.

Sempre que falamos em automação, associamos a uma melhoria de qualidade do sistema produtivo e não do produto; este último é resultado de um processo mais específico. Entretanto, consideramos os conceitos de qualidade que são aplicáveis ao aumento da produtividade. As ferramentas apresentadas para avaliação e controle permitem ao gestor antecipar possíveis inadequações nos processos, reduzindo os problemas da produção. Deve-se também considerar a utilização de sistemas de qualidade que são utilizados de forma integrada pelas organizações e que são exigidas pelo mercado.

Questões para revisão

1. Indique quais são os conceitos fundamentais de produção para a automação. Justifique sua resposta.

2. O que é o *Active Based Costing* (ABC) e quais suas vantagens para o estabelecimento de custos na automação?

Para as próximas questões, marque a opção **correta**:

3. Ao introduzirmos grande quantidade de produto no mercado, esse mercado reage com uma pequena redução no preço do produto. Nesse caso, ao considerarmos o ambiente econômico, podemos afirmar que:

    a) a demanda é elástica a preços.

    b) a demanda se altera para um maior volume.

    c) a demanda é inelástica a preços.

    d) o custo do produto é maior.

4. A "qualidade significa conformidade com as especificações". Essa afirmação de Crosby, citado por Ambrozewicz (2003, p. 24), **não** corresponde à qual das afirmações a seguir?

    a) O desempenho do sistema é medido pelo custo da não conformidade.

    b) Deve haver a definição de um sistema de prevenção de defeitos para a atuação antes da ocorrência desses defeitos.

    c) Na empresa cada indivíduo deve buscar o "zero defeito".

    d) A qualidade pode ser definida como "atendimento às necessidades".

5. Qual ferramenta da qualidade é utilizada para realização das medições de forma ordenada e estruturada?

   a) Diagrama de causa e efeito.
   b) Folha de verificação.
   c) Gráfico de Pareto.
   d) Histogramas.

Questões para reflexão

1. Custos – Existem vários métodos para a análise de investimentos. Pesquise sobre os seguintes itens:

   - Alternativas de projetos com durações idênticas e investimentos diferentes para o cálculo do VPL.
   - Alternativas de projetos com durações diferentes.

   Analise também as seguintes questões:

   - Sobre a afirmação "existe imperfeição no cálculo da TIR" defina qual é a imperfeição e quais os modos de corrigi-la.
   - Pesquise sobre o método do valor anual uniforme e justifique por que podemos avaliar o investimento em qualquer data.

2. Qualidade – Pesquise sobre como estabelecer indicadores de qualidade para o processo produtivo e para a automação da produção:

   - Elabore pelo menos três tipos de indicadores relativos aos seguintes processos: implementação da automação da produção, produção em um processo com automação da produção e manutenção de sistemas automáticos.
   - Pesquise quais são as certificações de qualidade para o sistema produtivo das organizações e explique por que essas certificações existem.

Para saber mais

SELEME, R.; STADLER, H. **Controle da qualidade**: as ferramentas essenciais. 2. ed. Curitiba: Ibpex, 2010.

Para conhecer um pouco mais sobre a qualidade e suas ferramentas, consulte o livro dos autores Robson Seleme e Humberto Stadler, editado pela Ibpex. As ferramentas ali explanadas podem ser utilizadas na implementação e na manutenção de sistemas automatizados.

4 elementos da automação

Conteúdos do capítulo:
- *Conceitos de automação aplicáveis às organizações;*
- *Efeitos da realização da automação na organização;*
- *Cuidados necessários à realização da automação.*

Após o estudo deste capítulo, você será capaz de:
- *distinguir entre a automação e a mecanização;*
- *reconhecer os elementos da automação;*
- *conhecer os elementos da tecnologia da automação;*
- *conhecer os tipos de automação e as razões para automatizar;*
- *entender os impactos e os cuidados a serem tomados na implementação de sistemas automatizados.*

Os objetivos básicos deste capítulo são apresentar os conceitos de automação e seus componentes, considerar os efeitos da automação na produção, os fatores a serem analisados para a decisão de se adotar ou não a automação e os cuidados necessários às suas implementações.

4.1 Automação

A automação é distinta da mecanização. Assim, podemos conceituar *automação* como "sistemas automáticos de controle, pelo qual os mecanismos verificam seu próprio funcionamento, efetuando medições e introduzindo correções, sem a interferência do homem" (Ferreira, 1985, p. 163). Desse modo, podemos dizer que automação é a tecnologia pela qual um processo ou procedimento é realizado sem a ajuda humana, que utiliza, para sua execução, um programa de instruções combinado com um sistema de controle.

Para Groover (1987, p. 61), "a mecanização consiste simplesmente no uso de máquinas para realizar um trabalho, substituindo, assim, o esforço físico do homem. Já a automação possibilita realizar o trabalho por meio de máquinas controladas automaticamente, capazes de se regularem sozinhas".

4.2 Componentes da automação

Os elementos a seguir, os quais compõem cada sistema de automação, necessitam de realimentação constante e são complexos em sua execução, conforme Groover (1987, p. 61):

- **Acionamento**: *fornece o sistema de energia para atingir determinado objetivo. Ex.: motores elétricos, pistões hidráulicos etc.*
- **Sensoriamento**: *realiza as métricas de desempenho do sistema de automação ou uma propriedade particular de algum de seus componentes. Ex.: termopares para medição de temperatura e encoders (muito utilizados na automação e robótica).*

- **Controle**: *utiliza a informação dos sensores para regular o acionamento. Por exemplo, para manter o nível de água num reservatório, usa-se um controlador de fluxo que abre ou fecha uma válvula, de acordo com o consumo. Mesmo um robô requer um controlador, para acionar o motor elétrico que o movimenta.*
- **Comparador ou elemento de decisão**: *compara os valores medidos com valores preestabelecidos e toma a decisão de quando atuar no sistema. Como exemplo, podemos citar os termostatos e os programas de computadores.*
- **Programas**: *contêm informações de processo e permitem controlar as interações entre os diversos componentes.* [tradução nossa]

4.3 Automação da produção

Como já vimos anteriormente, a automação da produção é uma tecnologia que, aliada à mecanização – juntamente com os sistemas eletrônicos e os sistemas baseados em computadores –, é utilizada para controlar e operar a produção.

Essa tecnologia engloba, conforme indica Groover (1987, p. 61):

- *robôs industriais;*
- *máquinas totalmente automáticas para produção;*
- *sistemas automáticos de armazenamento de material e manipulação;*
- *sistemas automáticos de inspeção para controle de qualidade;*
- *controle de processos por computador;*
- *ferramentas automáticas para o processamento parcial de produtos;*
- *sistemas de computador para planejamento, coleta de dados e tomada de decisão nos quais se apoiam as atividades industriais.* [tradução nossa]

4.4 Tipos de automação

Podemos automatizar os sistemas produtivos de três formas: automação fixa, automação programável e automação flexível.

A **automação fixa** é um sistema no qual a sequência do processamento das operações é definida pela configuração e características do equipamento. A sequência é normalmente simples, e a integração e coordenação de muitas operações tornam o sistema muito complexo. As características principais desse sistema são as seguintes:

- alto investimento inicial em equipamentos;
- altas taxas de produção, com quantidades constantes;
- relativamente inflexível à produção diversificada;
- indicação de monotonia e estresse nos operadores.

Justifica-se a utilização da automação fixa devido ao grande volume de produção gerado pelas máquinas que, sem a participação humana, têm altas taxas de produção, podendo-se amortizar o equipamento por meio de um custo unitário mais baixo e um maior volume de vendas. Podemos encontrar alguns exemplos de automação fixa em linhas de montagem de produtos únicos, que podem ser operados por meio de transportadores.

Na **automação programável** existem produtos diversificados e o equipamento é projetado com a possibilidade de mudança na sequência das operações para produção e reprogramação na produção de novos produtos. Isso ocorre por meio de novas instruções que são lidas e interpretadas. São algumas características da automação programável:

- investimento alto em equipamentos de serviços gerais;
- baixa taxa produção comparada com a automação fixa;
- flexibilidade para utilizar o equipamento para novos produtos;
- maior satisfação ao trabalho dos operadores.

Esse tipo de automação é utilizada para a produção de módulos ou partes de subprodutos e quando o produto deve ser fabricado em médias e baixas quantidades. Assim, para produzirmos um novo produto, os equipamentos devem ser reprogramados com instruções específicas para sua execução. A posição física da máquina também pode ser mudada para atender às necessidades da nova produção. Dessa forma, o tempo para a produção de um determinado produto se eleva, ao considerarmos o percurso a ser percorrido.

Já a **automação flexível** é uma evolução da automação programável. Trata-se de um sistema capaz de produzir uma variedade de produtos (ou partes) sem praticamente nenhuma perda de tempo na troca entre um produto e outro. Não há tempo perdido com a reprogramação do sistema ou com o *layout* dos equipamentos. O sistema pode produzir várias combinações de produtos em horários diversificados, evitando a separação em grupos ou lotes de produtos a serem produzidos. As características para a automação flexível são as seguintes:

- alto investimento em sistemas especialmente projetados (exclusivos);
- produção contínua para produtos variados;
- taxas médias de produção;
- flexibilidade para produzir versões de um mesmo produto.

As principais evoluções da automação programável para automação flexível são a possibilidade de alteração na programação com um mínimo de tempo perdido, a execução da operação fora do horário normal produtivo, a capacidade de realizar o *setup* (instalação) dos equipamentos com mínima perda de tempo e o transporte de materiais por meio de esteiras ou sistemas de transporte.

Para compreender melhor os três tipos de automação que apresentamos, observe a figura a seguir:

Figura 4.1 – Tipos de automação (volume versus variedade de produtos)

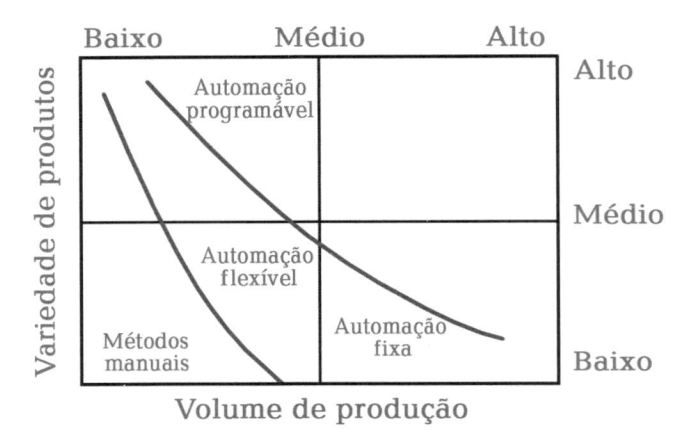

Fonte: Adaptado de Groover, 1987, p. 4.

Para definirmos o modo de automação, também é necessário obtermos informações referentes às atividades do negócio (*marketing* e vendas, entrada de pedidos, orçamento para clientes etc.), à concepção do produto, ao planejamento da manufatura e ao controle da manufatura. Essas quatro funções devem acompanhar as atividades da automação da produção.

4.5 Razões para automatizar

As empresas devem dar especial atenção à automação em função de suas necessidades, do mercado e de seus clientes. Alguns dos fatores que devem ser verificados são: alto custo da mão de obra, aumento na produtividade, aumento da necessidade de trabalho para o setor de serviços, segurança no trabalho, melhoria na qualidade do produto, alto custo das matérias-primas, redução do tempo de manufatura e de estoques em processo e alto custo da não automação.

As características dos fatores que citamos são indicadas a seguir, de acordo com Groover (1987, p. 61):

- **Alto custo da mão de obra** – *Os custos com a mão de obra nas sociedades industrializadas são cada vez maiores, justificando o investimento em máquinas que possam automatizar a produção com um custo mais baixo por unidade de produto.*

- **Aumento na produtividade** – *A empresa, mediante o uso de máquinas automatizadas, pode fabricar maior quantidade de produtos por unidade de tempo do que a produção manual seria capaz de realizar, aumentando, assim, a produtividade.*

- **Aumento da necessidade de trabalho para o setor de serviços** – *Há um constante aumento na força de trabalho e que se dirige para o setor de serviços, forçando as empresas a automatizar o seu processo produtivo. Tal situação justifica-se com um aumento crescente na inclusão de serviços fornecidos juntamente com os bens físicos, bem como uma certa visão de que os trabalhos em fábricas seriam tediosos e humilhantes.*

- **Segurança no trabalho** – *Automatizando a operação e transferindo o operador para uma posição de supervisão, o trabalho a ser realizado fica mais seguro. A segurança e o bem-estar físico do trabalhador tornaram-se um objetivo perseguido pelas empresas e governos nacionais.*

- **Melhoria da qualidade do produto** – *As operações automatizadas, além de produzirem de forma mais rápida, também produzem com a consistência e conformidade necessárias, de acordo com as especificações de qualidade exigidas.*

- **Alto custo das matérias-primas** – *O custo das matérias-primas elevou-se muito no período pós-Segunda Guerra Mundial, obrigando as empresas a um melhor aproveitamento, o que é conseguido por meio da automação, que mantém um padrão de perdas a um grau perfeitamente controlado.*

- **Redução do tempo de manufatura** – *A produção em taxas mais altas permite uma produção em um tempo menor, consequentemente, há uma redução no tempo de manufatura (aumento da produtividade).*

- **Redução de estoques em processo** – *A redução dos estoques em processo, conseguido pela maior velocidade de produção e por menos retrabalho, permite que a empresa não necessite investir em grandes quantidades de estoques, reduzindo a necessidade de capital de giro para o sistema produtivo.*
- **Alto custo da não automação** – *A imagem da empresa é mais valorizada com a automação porque ganha com a melhoria da qualidade de seus produtos, com maior credibilidade para aceitação deles e melhorando as vendas.* [tradução nossa]

As empresas, portanto, devem considerar e pesar as consequências da implementação da automação, observando os tópicos listados e obtendo deles maiores ganhos para a organização. A definição das necessidades também facilita a escolha dos meios necessários à automação efetiva.

4.6 Cuidados a serem considerados no processo de automação

A implementação de grandes projetos de automação é muito mais difícil e complexa do que podemos imaginar. Assim, os itens que seguem são alguns dos cuidados necessários no instante da automação, conforme indica Groover (1987, p. 11):

- **Elabore um plano mestre para a automação** – O plano deve indicar quais operações automatizar, quando e em qual sequência automatizar cada área do negócio e como a organização e seus departamentos terão de mudar por causa da automação.
- **Avalie os riscos de automatizar** – Sempre há riscos associados ao projeto de automação, por isso, devemos nos preocupar especialmente com o risco de obsolescência, o perigo de que as tecnologias fiquem ou não restritas à empresa, podendo ser transferidas para a concorrência.
- **Implemente um novo departamento de tecnologia de produção** – Essa unidade se preocupará em esclarecer as informações sobre tecnologia, em ser uma defensora dos novos recursos tecnológicos, em treinar e fornecer assistência técnica necessária para a instalação e a implementação de equipamentos de tecnologia avançada.
- **Destine tempo adequado para a conclusão de projetos de automação** – Tempo suficiente deve ser reservado para instalar, equipar, depurar, programar e

colocar uma máquina automatizada na velocidade de produção. Deve ser considerado o ciclo de aprendizagem do processo (os passos e prazos necessários para a colocação do sistema ou máquina em sua capacidade de operação e/ou produção normal).

- **Não automatize tudo de uma só vez** – Pequenas falhas em equipamentos automatizados são inevitáveis. Tente programar os projetos a fim de que aquilo que for aprendido de um projeto possa ser aplicado em outro. Ao programar os projetos de automação, os recursos de uma organização poderão ser estritamente concentrados em um ou dois projetos de cada vez, aumentando, assim, a probabilidade de sucesso.
- **Pessoas bem treinadas são fundamentais para o sucesso dos projetos de automação** – A automação deve ser planejada no nível estratégico; consequentemente, o treinamento necessário deverá estender-se por toda a organização, dos níveis táticos aos operacionais. É preciso cuidar especialmente do fluxo de informações relevantes sobre o processo, evitando-se, assim, atitudes hostis de funcionários e sindicatos e, se possível, integrá-los no processo, estabelecendo políticas de remanejamento e novo treinamento de pessoal.

4.7 Impactos da automação

Desde os anos 1950, a automação tornou-se um assunto polêmico, gerando discussões e debates entre sindicatos, empresários, trabalhadores e governos. Até mesmo aqueles defensores da evolução tecnológica questionaram se o custo da automação seria aceitável. Surgiram, desde então, diversas propostas no sentido de minimizar os efeitos negativos e de potencializar os efeitos positivos da automação.

Verifique a seguir as principais preocupações e benefícios atribuídos aos processos de automação, na visão de Groover (1987, p. 7-9).

Preocupações:

- a automação pode levar à substituição do ser humano por máquinas e implicar a demissão ou reciclagem/aperfeiçoamento dos funcionários para a recolocação deles no mercado;
- tendência à redução na necessidade de mão de obra, resultando, assim, no aumento do desemprego;

- a automação pode reduzir o poder aquisitivo da empresa e, por consequência, influenciar na redução de postos de trabalho, o que leva à redução de volume de dinheiro circulante no mercado e resulta na indisponibilidade de recursos por parte da população.

Benefícios:

- tendência crescente quanto à redução de carga horária de trabalho por semana, elevando, assim, a qualidade de vida dos trabalhadores;
- a automação permite condições mais seguras no trabalho, uma vez que não há a participação física do trabalhador;
- a produção automatizada resulta na melhoria de qualidade dos produtos e na redução de preços;
- o crescimento da indústria de automação permite melhores oportunidades de emprego em diversos setores, haja vista a indústria de informática;
- a automação é um dos poucos meios para melhorar a qualidade de vida. Ela aumenta a produtividade do pessoal, o que se traduz na redução e manutenção dos preços dos produtos que podem ser produzidos a um custo mais baixo.

Síntese

Neste capítulo distinguimos entre automação e mecanização; verificamos que a automação vai além de simplesmente ordenar sistemas mecânicos. Apresentamos os componentes da automação e as possíveis combinações da tecnologia e realizamos um estudo sobre a automação fixa e a automação flexível, destacando suas características.

Indicamos também as razões que justificam a automação, que vai desde o alto custo da mão de obra até o custo da não automação. Verificamos ainda que muitos cuidados devem ser tomados ao se automatizar uma planta, que vão desde o estabelecimento do planejamento até o controle e o treinamento do pessoal. É certo que automatizar um sistema produtivo traz grandes benefícios à organização e à sociedade e, do mesmo modo, exige grande esforço, tendo em vista o impacto causado. Devemos avaliar todos esses elementos para que o sucesso seja atingido.

Questões para revisão

1. Justifique por que as organizações devem automatizar para obter melhorias na segurança do trabalho.

2. Na fase de implementação da automação, qual é o significado do ciclo de vida de aprendizagem?

Para as próximas questões, marque a opção **correta**:

3. A afirmação "utiliza a informação dos sensores para regular o acionamento" corresponde a qual componente da automação?

    a) Sensoriamento.

    b) Controle.

    c) Programas.

    d) Comparador ou elemento de decisão.

4. Indique qual opção **não** corresponde à automação flexível:

    a) Alto investimento em sistemas especialmente projetados (exclusivos).

    b) Produção contínua para produtos variados.

    c) Taxas médias de produção.

    d) Flexibilidade para utilizar o equipamento em novos produtos.

5. Indique qual opção **não** corresponde à automação fixa:

    a) Alto investimento inicial em equipamentos.

    b) Altas taxas de produção, com quantidades constantes.

    c) Relativamente inflexível à produção diversificada.

    d) Traz maior satisfação ao trabalho dos operadores.

Questões para reflexão

1. A evolução da tecnologia é uma das áreas mais atraentes de pesquisa. Para a automação da produção algumas tecnologias são fundamentais e sem elas

não seria possível realizar o que atualmente fazemos. Faça uma pesquisa para saber como funcionavam os elementos relacionados a seguir e coloque-os em ordem cronológica para ter uma visão geral da evolução de cada um. Sugestão: para a representação cronológica, faça um infográfico, representando o uso e a evolução no tempo.

- Válvula;
- Régua de cálculo;
- Transistor;
- *Chips*;
- Circuito integrado.

Para saber mais

LEAL, R. D. G. **Impactos sociais e econômicos da robotização**: estudo de caso do Projeto Roboturb. 2005. 145 f. Dissertação (Mestrado em Engenharia Elétrica) – Universidade Federal de Santa Catarina, Florianópolis, 2005.

Para aprender um pouco mais sobre os elementos da automação, leia a dissertação de Rafael Della Giustina Leal.

5 processos de transformação

Conteúdos do capítulo:
- *Tecnologias de processamento;*
- *Tipos de processos de transformação.*

Após o estudo deste capítulo, você será capaz de:
- *entender o significado de tecnologia e de processo;*
- *identificar os processos de entrada, de transformação e de saída do sistema produtivo;*
- *conhecer e classificar os tipos de processo de transformação.*

Neste capítulo apresentaremos os tipos de processos de transformação e as tecnologias de processamento relativos aos materiais, às informações e aos consumidores. Citaremos os tipos possíveis de processamento utilizados nas diversas tecnologias transformacionais, com suas principais características, além de identificarmos possíveis resultados que podem ser obtidos por meio da produção de bens e serviços.

5.1 Tecnologias e processos

Para o entendimento do significado da expressão *tecnologia de processo*, observamos, de acordo com Ferreira (1985), que tecnologia pode ser definida como um "conjunto de conhecimentos, especialmente princípios científicos, que se aplicam a um determinado ramo de atividade" e processo como a "maneira pela qual se realizam determinadas operações, segundo determinadas normas, métodos, técnicas".

Para todas as matérias-primas e/ou operações, utilizamos uma tecnologia de processo na produção de um bem ou serviço. Com isso, a tecnologia de processo permite que uma sequência de operações seja executada por uma determinada técnica, utilizando os recursos de produção necessários e dando origem a um produto. Ou seja, a utilização de sistemas automatizados serve de auxílio para a elaboração de um produto, a fim de gerar diferenciais competitivos para as empresas.

Diversos produtos utilizam-se de técnicas específicas de processamento de materiais, informações e consumidores. Por exemplo, ao utilizar um telefone celular, você faz uso de tecnologias de processamento de informação que permitem que as transformações de sinais efetivem a comunicação entre as pessoas. Fazer uso de tecnologias avançadas ou "de ponta" significa aplicar descobertas científicas ou da engenharia, de processos e de produção.

No século XX, novas tecnologias de produção resultaram na tecnologia de informação ou da automação do processo, o que permitiu ganhos significativos de produtividade para as empresas.

As empresas investem grandes somas de dinheiro em projetos de automação de fábricas pois, com o tempo, perceberam que os ganhos oriundos da aplicação de novas tecnologias não se restringem somente a ganhos obtidos com economias no custo de mão de obra, mas, também, com a melhoria da qualidade do produto, da produção e do tempo de entrega, além da melhoria na flexibilidade da produção.

Para que os gerentes possam aplicar adequadamente essas novas tecnologias de processo, é necessário, conforme indica Groover (1987, p. 61), que:

- *participem do processo decisório na escolha da tecnologia;*
- *reconheçam como a tecnologia pode melhorar o processo produtivo, atualizando-o ou substituindo-o, quando necessário;*
- *tenham a capacidade de integrar a tecnologia no sistema produtivo da empresa;*
- *avaliem o desempenho da tecnologia implementada para a melhoria do processo produtivo.* [tradução nossa]

Para validar o processo de decisão de escolha, o gerente deve ser capaz de avaliar e justificar os ganhos oferecidos pela nova tecnologia e a sua diferença com relação a atual. Portanto, devemos entender como funciona esse processo, quais são as características que permitirão o ganho de benefícios, bem como quais os limites que a tecnologia a ser utilizada impõe ao processo produtivo.

5.2 Tecnologias de processamento

Para compreendermos as tecnologias de processo, devemos considerar o que envolve o processo de produção de bens e serviços. Ou seja, temos que entender todo o processo produtivo inserido em um modelo de transformação: cada bem ou serviço passa por um sistema de entrada (*input*), por um processo de transformação e por uma saída (*output*).

- O **processo de entrada** utiliza elementos transformadores (instalações, equipamentos e funcionários) e elementos transformados (materiais, informações e consumidores).
- O **processo de transformação** realiza as modificações dos materiais, das informações e dos consumidores.
- O **processo de saída** resulta nos bens ou serviços ajustados às necessidades dos consumidores.

No processo de produção do pão, por exemplo, temos como entradas a farinha, o fermento, a água, o leite, os ovos, o padeiro e o forno; como processo de transformação o assar a mistura, dando forma e novas características para o produto final; por fim, o processo de saída, o pão. Assim, todo sistema necessita de tecnologias para a obtenção do produto (bens e serviços).

Observe o modelo de transformação básico na figura a seguir:

Figura 5.1 – Modelo de transformação básico

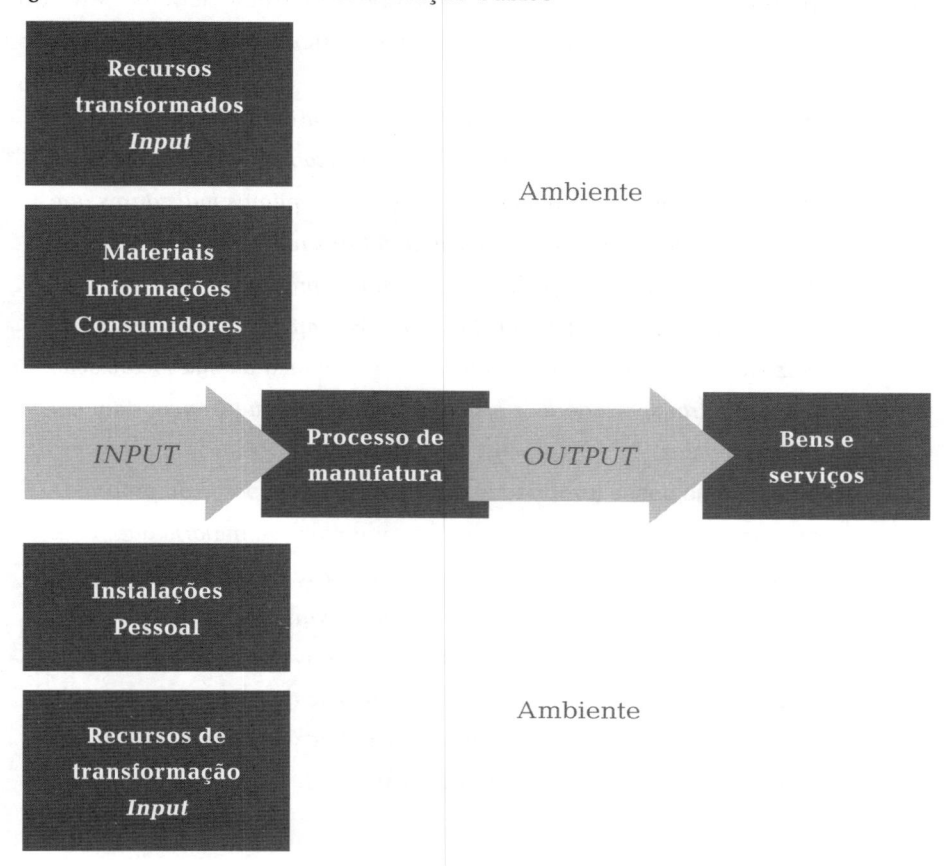

Fonte: Adaptado de Slack; Chambers; Johnston, 2002, p. 36.

Podemos ver que por meio das tecnologias de processamento é realizada uma transformação de materiais, informações e consumidores, com o objetivo de se obter um novo produto ou serviço e um melhor diferencial de mercado.

5.3 Tipos de processos de transformação

Dentro do modelo de transformação da produção temos as entradas, que são representadas por materiais, informações e consumidores. É fundamental, portanto, conhecer os tipos de processos que as transformam.

5.3.1 Processamento de materiais

Os materiais podem ser processados de acordo com as características e em função da aplicação da tecnologia do processo, conforme indica Groover (1987, p. 61):

- **Transformação das propriedades físicas** – *Significa a mudança na forma e na cor de bens físicos po meio da aplicação de técnicas de conformação, que cortam e moldam, utilizando ferramentas mais duras que o próprio material. A maioria das manufaturas realiza a transformação de propriedades físicas para a elaboração de produtos.*
- **Mudança de localização** – *Os bens físicos também podem ser objeto de sistemas produtivos que procedem à mudança de sua localização, tais como transportadoras e sistemas de correio, que transportam correspondências.*
- **Mudança na posse (propriedade)** – *A mudança na posse ou propriedade caracteriza a compra e a venda de produtos. Na maioria das vezes, refere-se a operações realizadas pelo atacadista de produtos, que compra o bem físico da indústria e vende para o varejista.*
- **Estocagem ou armazenamento** – *Com o desenvolvimento da logística, fica muito claro para os centros de distribuição que para a modelagem do sistema produtivo deve ser utilizada a armazenagem ou estocagem, alugando áreas de seus centros para esse fim.*

5.3.2 Processamento de informações

Conforme Groover (1987, p. 61), as informações são processadas, transformadas, de acordo com as seguintes características do processo:

- **Alteração da forma da informação** – *Uma informação de custos pode se transformar em informações de venda de um produto; o valor da compra de papéis pode se transformar em custos administrativos quando processados por um sistema de contabilidade.*
- **Alteração da posse da informação** – *A informação, para qualquer atividade produtiva, é fundamental; as empresas passaram a necessitar cada vez mais de dados obtidos por empresas especialistas que coletam informações e as vendem para o cliente.*
- **Estoque ou acomodação** – *As informações podem ser estocadas em arquivos de computador, bibliotecas públicas ou em universidades.*

Existem empresas especializadas no fornecimento de espaço para o estoque ou armazenamento de informações.

- **Mudança de localização das informações** – *Outras empresas especializaram-se no transporte de informações, como empresas de telecomunicações, que transferem uma informação por meio de seus sistemas de comunicação.* [tradução nossa]

5.3.3 Processamento de consumidores

Os consumidores, numa abordagem diferenciada, são processados e transformados de acordo com as seguintes características do processo, conforme indica Groover (1987, p. 61):

- **Transformação das propriedades físicas** – *Podemos também transformar as propriedades físicas de consumidores por meio da cirurgia plástica, do corte de cabelo, bem como por outros serviços, como os sistemas de bronzeamento artificial, alterando, assim, a forma dos consumidores.*
- **Estoque ou acomodação** – *Os consumidores podem ser acomodados em hotéis, motéis, pensões ou pousadas, configurando-se, assim, um sistema produtivo que pode armazenar o consumidor.*
- **Localização** – *Processamos os consumidores em sua localização quando os transferimos de local, ou seja, ocorre por meio de qualquer sistema de transporte como ônibus, avião, trem etc., que são considerados sistemas produtivos que processam o consumidor.*
- **Estado fisiológico** – *Há sistemas produtivos que visam à mudança do estado fisiológico dos consumidores, como as clínicas e os hospitais, que atendem e curam os consumidores debilitados por meio de diagnósticos e aplicação de remédios e terapias.*
- **Estado psicológico** – *Todas as pessoas, de uma forma ou outra, já sofreram mudanças no seu estado psicológico produzidas por um sistema produtivo, como quando vamos ao cinema, escutamos música, assistimos a uma peça de teatro ou televisão, mudamos nosso estado psicológico para alegre, triste, ficamos surpresos ou até mesmo entediados.* [tradução nossa]

Apesar de separarmos o processo de transformação, existem produtos em que os processamentos de materiais, de informações e de consumidores ocorrem simultaneamente em graus iguais ou não de importância.

As tecnologias de processamento variam de acordo com o recurso a ser processado (materiais, informações e consumidores). As tecnologias que serão apresentadas no capítulo a seguir estão ligadas com o processo de automação da produção no processamento de materiais, informação e consumidores.

Síntese

Com base no capítulo estudado, você pôde perceber a existência de uma ordem lógica na definição dos tipos de processos de transformação. Para que isso pudesse acontecer, explicitamos os conceitos de *tecnologia* e de *processo*. Criamos a partir daí um modelo para o processo de transformação, consagrado na área de produção. Além desses fatores, acrescentamos uma classificação, definindo os tipos para o processamento de materiais, de informações e de consumidores, o que nos permite adequar o produto de acordo com as características de cada pessoa.

Questões para revisão

1. No processo de entrada do sistema produtivo, qual o significado de *recursos transformados*?

2. No processo de entrada do sistema produtivo, qual o significado de *recursos de transformação*?

Para as próximas questões, marque a alternativa **correta**:

3. Qual alternativa traduz exclusivamente o processamento de consumidores?

    a) Alteração da forma.

    b) Alteração da posse.

    c) Estado psicológico.

    d) Estoque ou acomodação.

4. Qual alternativa traduz exclusivamente o processamento de informações?

    a) Alteração da forma.

    b) Alteração da posse.

    c) Estado psicológico.

    d) Estoque ou acomodação.

5. Qual alternativa traduz exclusivamente o processamento de materiais?

   a) Alteração da forma.

   b) Alteração da posse.

   c) Estado psicológico.

   d) Propriedade.

Questões para reflexão

1. Realize uma pesquisa para verificar se existem metodologias para se projetar o fornecimento de serviços. Identifique quais são os elementos considerados no projeto e quais os mais importantes. Sempre que possível, justifique suas considerações e exemplifique.

2. Considere nos elementos da questão anterior a possibilidade de se automatizar a prestação de serviços. Justifique e exemplifique suas ideias.

Para saber mais

PARANHOS FILHO, M. **Gestão da produção industrial**. Curitiba: Ibpex, 2007.

Para saber um pouco mais sobre os processos de transformação industrial e como eles se realizam na indústria, você pode ler o livro do professor Moacyr Paranhos Filho, lançado pela Ibpex em 2007. É uma leitura agradável e reveladora.

6 tecnologias de automação industrial

Conteúdos do capítulo:
- *Acessórios para equipamentos de automação;*
- *Equipamentos mais utilizados em automação;*
- *Configuração de sistemas de automação para armazenagem, montagem e recuperação;*
- *Configurações avançadas de sistemas automatizados;*
- *Redes industriais utilizadas na automação.*

Após o estudo deste capítulo, você será capaz de:
- *identificar os acessórios e os equipamentos utilizados na automação;*
- *identificar os sistemas e seus elementos para a automação;*
- *relacionar o modelo de sistema com as necessidades da organização;*
- *identificar os melhores meios de comunicação para os equipamentos de automação;*
- *combinar os diversos elementos em um projeto de automação industrial.*

Neste capítulo, apresentaremos os equipamentos e dispositivos utilizados pelos engenheiros na elaboração da automação da produção, os sistemas automatizados de produção e conceitos e formas de cada uma das tecnologias de automação industrial.

6.1 Máquinas e equipamentos de automação

Como vimos anteriormente, as tecnologias de processo são as máquinas, os equipamentos e os dispositivos que ajudam no processo de transformação dos recursos transformados. A automação possibilita a realização do trabalho por meio de máquinas controladas automaticamente. Logo, as tecnologias de automação são aquelas que permitem a realização da transformação de modo mais eficiente.

Alguns dispositivos, máquinas e tecnologias utilizados na elaboração da automação, segundo Gaither e Frazier (2001, p. 145), são: "acessórios de máquina, máquinas de controle numérico, robôs industriais, veículos guiados automaticamente, inspeção automatizada do controle de qualidade, sistemas automatizados de identificação e controle automatizado de processo".

Os itens a seguir apresentarão os elementos de tecnologia da automação essenciais para que você entenda a automação da produção.

6.1.1 Acessórios de máquina

Os acessórios de máquina substituem o ser humano em atividades muito específicas. Tais dispositivos são relativamente baratos e reduzem o tempo de execução da operação. Normalmente são encontrados em todos os sistemas de produção.

Figura 6.1 – Acessórios de máquina

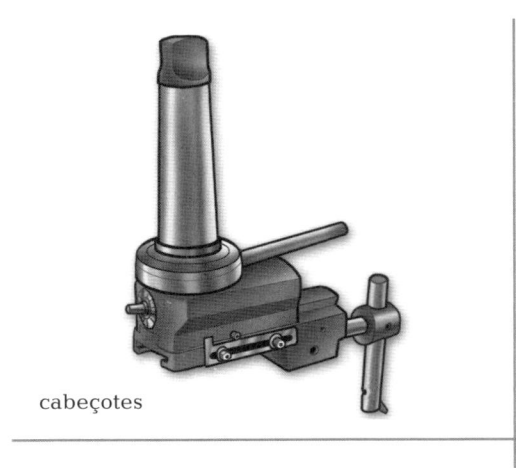

cabeçotes	contrapontas rotativas
morsa	mandril
pistola de solda	unidade de calibração

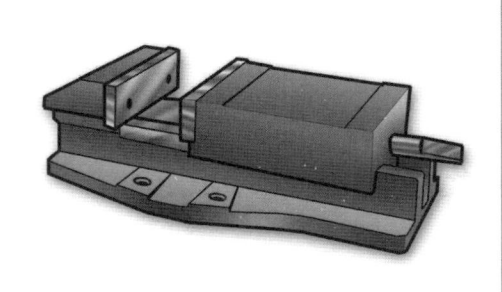

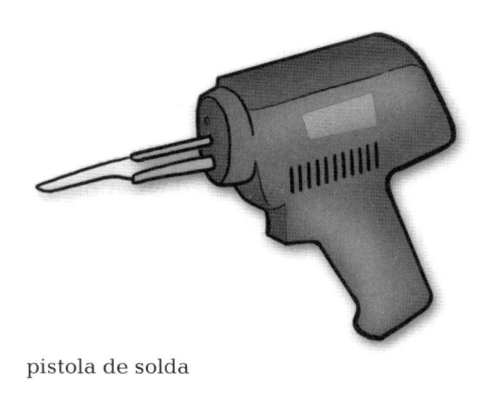

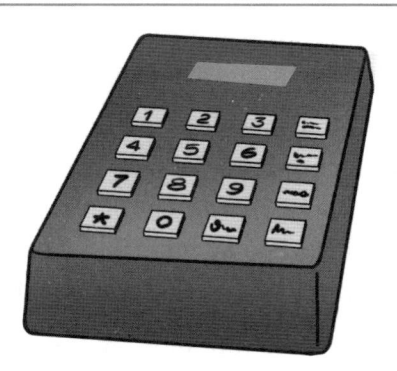

6.1.2 Máquinas de controle numérico

As máquinas de controle numérico (*Numerically Controlled Machines* – NC) são máquinas previamente programadas, por meio de disquetes, fitas magnéticas ou computadores, para executarem um ciclo de operações de forma repetida. Essas máquinas têm um sistema que lê as instruções e depois as converte em operações de máquina. Com o tempo, as NC evoluíram e passaram a incorporar também a mudança automática de ferramentas; com os avanços na computação, vieram as máquinas de controle numérico computadorizados (*Computer Numeric Control* – CNC). Depois surgiram as máquinas de controle numérico diretos (*Direct Numerical Control* – DNC), que são controladas por um computador central e não individual como as CNC. Algumas vantagens das DNC são a precisão na execução da operação e uma melhor utilização das ferramentas, o que aumenta a sua vida útil e a produtividade. Requerem a capacitação dos funcionários para a programação de comandos operacionais no computador.

Veja alguns modelos de máquinas de controle numérico na Figura 6.2.

Figura 6.2 – Modelos de máquinas de controle numérico

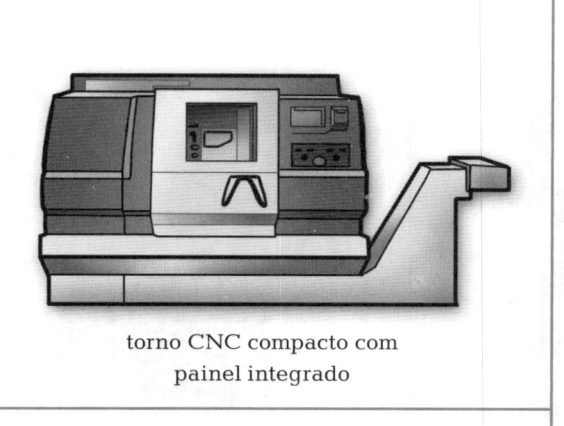

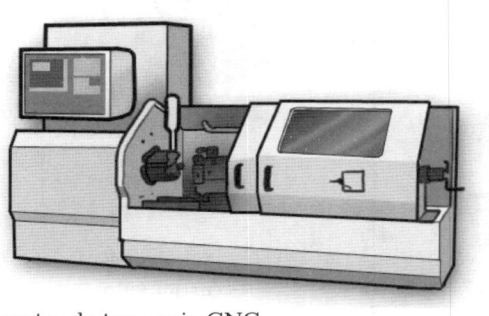

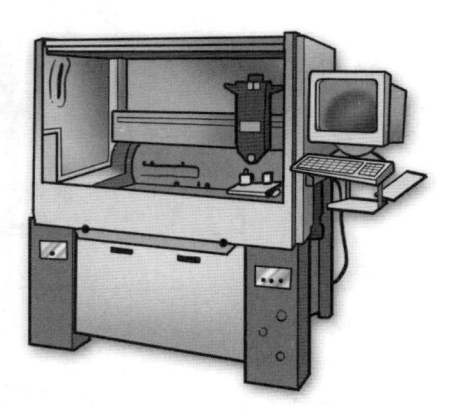

torno CNC compacto com painel integrado

fresa com controle CNC

centro de tornearia CNC

6.1.3 Robôs industriais

O Robotic Institute of America define um robô industrial como um manipulador reprogramável, multifuncional para movimentar materiais, peças, ferramentas ou dispositivos especializados por meio de movimentos programados variáveis para o desempenho de uma variedade de tarefas (Robotic Institute of America, 2011). Inicialmente, os robôs foram adotados para substituírem os humanos na execução de operações que ofereciam condições de risco ou em tarefas muito repetitivas, ocasionando maior precisão e alta produtividade. Atualmente, há uma variedade muito grande de robôs que podem:

- executar diversas operações;
- movimentar seus braços nos eixos vertical, radial e horizontal;
- segurar ferramentas como as de corte, pistolas de solda e chaves;
- ter pegadores nas extremidades que "agarram" os elementos, caso seja necessário.

Observe alguns tipos de robôs industriais na Figura 6.3 a seguir.

Figura 6.3 – Robôs industriais

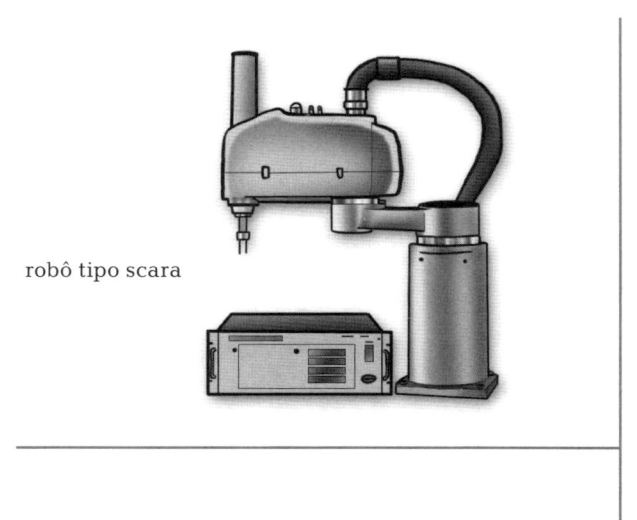

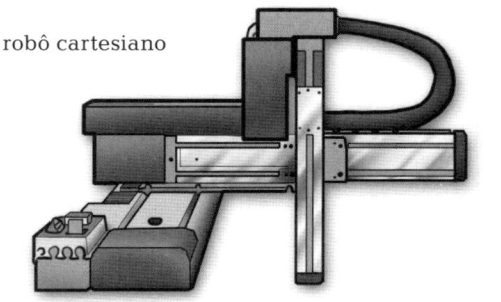

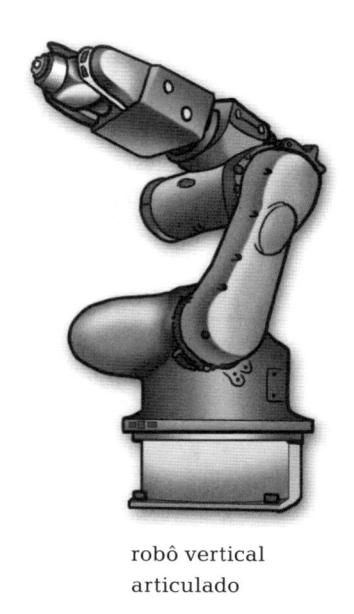

robô tipo scara

robô cartesiano

robô vertical articulado

Ilustração: Estevan Gracia Gonçalves

6.1.4 Veículos guiados automaticamente

Os veículos guiados automaticamente apresentam energia independente e são controlados por computador. Utilizam trilhas magnéticas no piso para determinação de direção e locomoção e são empregados para transportar materiais entre postos de trabalho ou almoxarifado. Dispõem de vantagens de flexibilidade de rota, podendo esta ser alterada com uma reprogramação. Entretanto, o seu custo é consideravelmente maior do que a implementação de esteiras transportadoras.

Você pode observar dois tipos de veículos guiados automaticamente na figura a seguir.

Figura 6.4 – Veículos guiados automaticamente

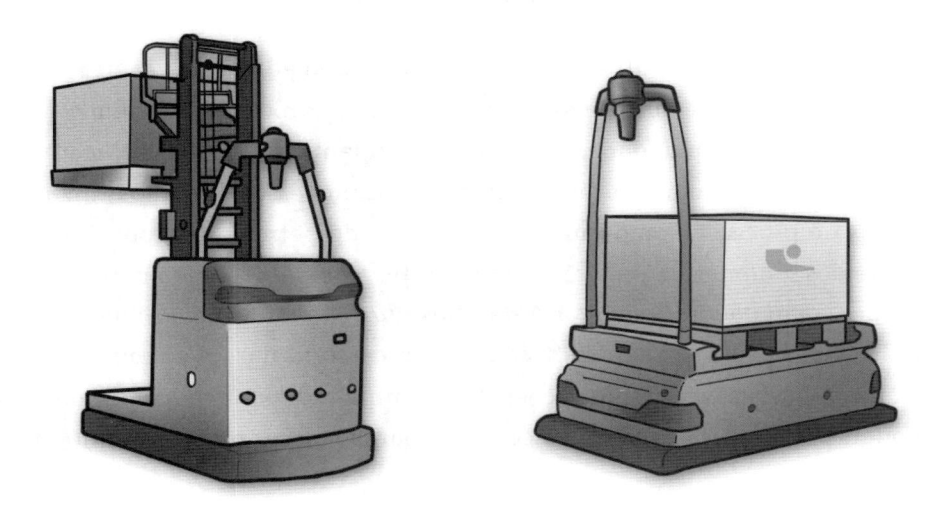

6.1.5 Inspeção automatizada do controle de qualidade

Os robôs que realizam a inspeção automatizada são máquinas integradas à vistoria de produtos para propósitos de controle da qualidade. Essas máquinas executam uma série de testes e inspeções relativas ao produto. Podem ser utilizadas para:

- avaliar as dimensões físicas de peças, comparar as medições com padrões e determinar se as peças cumprem os padrões de qualidade exigidos;
- avaliar o desempenho de diversos tipos de circuitos eletrônicos.

Por exemplo, os *softwares* testam cada função que um computador deve realizar. Quando as inspeções de controle da qualidade são executadas por máquinas automatizadas, os custos com qualidade tornam-se viáveis para o exame de todos os produtos, sempre em busca da qualidade.

6.1.6 Sistemas automáticos de identificação

Os sistemas automáticos de identificação utilizam códigos de barras, radiofrequências, cintas magnéticas, reconhecimento ótico de caracteres e visão de máquina para ler e introduzir os dados lidos dos produtos em computadores. Caixas registradoras em lojas e supermercados os utilizam; assim, o funcionário passa o código de barras do produto por um *scanner*, que lê o número de identificação; acessa um banco de dados computadorizado e envia o preço do produto à caixa registradora; lista o item para o cliente e introduz o número de identificação do item no sistema de estoques.

6.1.7 Controles automatizados de processo

Esse tipo de equipamento utiliza sensores para obter medidas de desempenho dos processos industriais, controla essas medidas com padrões contidos em *softwares* armazenados em computador e, quando o desempenho se altera significativamente, envia sinais que mudam as especificações dos processos. É muito utilizado nas indústrias de processamento químico, refinarias de petróleo e papel. Com o uso crescente dos sistemas de projetos auxiliados por computador e da manufatura auxiliada por computador (*Computer Aided Design/Computer Aided Manufacturing* – CAD/CAM), os controles automatizados de processo tornaram-se importantes na manufatura, na qual as configurações de máquina individual e grupos de máquinas podem ser mudadas quando necessário, para fornecer produtos uniformes.

6.2 Sistemas automatizados de produção

A evolução da tecnologia de automação tornou-se cada vez mais complexa. A abordagem da utilização de máquinas individuais se encerra com a abordagem de integração de máquinas. Sistemas inteiros de máquinas automatizadas são interligados para propósitos mais abrangentes, tornando-se mais comuns nas indústrias.

Apresentamos a seguir os sistemas automatizados mais utilizados para uso no setor da produção, de acordo com Gaither e Frazier (2001, p. 145): "linhas automatizadas de fluxo, sistemas automatizados de montagem, sistemas automatizados de armazenamento e recuperação (ASRS), sistemas flexíveis de manufatura (FMS) e manufatura integrada por computadores (CIM)".

6.2.1 Linhas automatizadas de fluxo

Uma linha automatizada de fluxo inclui diversas máquinas automatizadas unidas a outras, de transferência e manipulação de peças. A máquina automatizada na linha usa alimentadores automatizados de matéria-prima e executa automaticamente suas operações sem a necessidade de participação humana. Quando cada máquina conclui suas operações, as peças parcialmente produzidas são automaticamente transportadas para a máquina seguinte da linha, numa sequência fixa até que o trabalho seja concluído. Esses sistemas – comuns na indústria automobilística – são normalmente usados para produzir um componente principal inteiro, como caixas de câmbio para caminhões. São chamados de *automação fixa* ou *automação dedicada*, o que significa que as linhas de fluxo são projetadas para produzir um tipo específico de componente ou produto. Com o elevado investimento inicial e a dificuldade de alteração para outros produtos, esses sistemas são usados quando a demanda é elevada, estável e se estende bastante no futuro. Se essas condições forem satisfeitas, o custo de produção por unidade será muito baixo (Gaither; Frazier, 2001, p. 145).

6.2.2 Sistemas automatizados de montagem

Um sistema automatizado de montagem consiste em um sistema de máquinas ligadas por equipamentos de manipulação de materiais. Assim, os materiais são automaticamente manipulados em cada máquina, normalmente por meio de um tipo de robô. Desse modo, o trabalho parcialmente concluído é automaticamente transportado para a máquina de montagem seguinte. Esse processo é repetido até que toda a montagem seja concluída.

Para que um sistema automatizado de montagem seja bem-sucedido, são necessárias grandes modificações no projeto de produtos. O projeto de produto apropriado para montagem por mãos humanas não pode ser utilizado diretamente em um sistema automatizado de montagem, porque as habilidades dos operadores não podem ser reproduzidas por robôs.

Alguns objetivos do projeto de produtos, em se tratando da utilização de sistemas automatizados de montagem, são os seguintes, de acordo com Gaither e Frazier (2001, p. 145):

- reduzir a quantidade de montagens por produto;
- reduzir o número de fixadores, substituindo-os por encaixes;
- projetar componentes para que sejam automaticamente entregues e posicionados;

- projetar produtos para montagem em camadas e inserção vertical de peças;
- projetar peças de forma que elas se alinhem automaticamente;
- projetar produtos em módulos maiores para produção;
- aumentar a qualidade dos componentes.

Os sistemas automatizados de montagem fornecem aos fabricantes baixos custos de produção por unidade, melhoria da qualidade e maior flexibilidade na montagem dos produtos. Uma vez que algumas das máquinas desses sistemas tendem a ser robôs padrões, o investimento inicial em equipamentos não é tão elevado. Cada vez mais esses robôs podem, ainda, ser reprogramados para outros produtos e operações, aumentando sua utilização e permitindo uma diluição dos custos pelo aumento da demanda.

6.2.3 Sistemas automatizados de armazenamento e recuperação

Os sistemas automatizados de armazenamento e recuperação (*Automated Storage and Retrieval Systems* – ASRS) são sistemas construídos para receberem pedidos de materiais de qualquer parte de suas operações, coletá-los de um armazém e entregá-los às estações de trabalho. Há três componentes fundamentais nos ASRS, segundo Gaither e Frazier (2001, p. 145):

- **Computadores e sistemas de comunicação** – São utilizados para fazer pedidos, localizar materiais dentro do armazém, controlar sistemas e estoques, bem como autorizar liberações.
- **Sistemas automatizados de manipulação e entrega de materiais** – Esses sistemas são automaticamente carregados com contêineres de materiais, que são entregues no armazém. Similarmente, eles são automaticamente carregados com pedidos de materiais no armazém, que são entregues nas estações de trabalho nas operações. Correias controladas por computador são usadas e também os sistemas de veículos automatizados (*Automated Guide Vehicle Systems* – AGVS). Atualmente, estão sendo utilizados em maior número para essa finalidade. Os AGVS também podem ser utilizados no transporte de materiais ou produtos.
- **Sistemas de armazenamento e recuperação em armazéns** – Os materiais são guardados em contêineres de tamanho padrão, com quantidades fixas de cada material. Esses contêineres são organizados de acordo com um sistema que sabe a localização de cada material de maneira precisa por meio de um computador. Uma máquina de armazenamento e recuperação (*Storage and*

Retrieval – S/R) recebe comandos de um computador, transporta contêineres de materiais de um ponto de coleta no armazém e entrega-os nas localizações designadas.

Normalmente, os itens que indicamos são utilizados simultaneamente a fim de potencializar o uso em todo o sistema, ganhando em agilidade e produtividade.

As principais vantagens de se instalar os ASRS são as seguintes, de acordo com Gaither e Frazier (2001, p. 145):

1. aumento na capacidade de armazenamento;
2. aumento na produção do sistema;
3. redução de custos de mão de obra;
4. melhoria na qualidade do produto.

Você pode verificar a representação de sistemas automatizados de armazenamento e recuperação observando a figura a seguir:

Figura 6.5 – Sistemas automatizados de armazenamento e recuperação

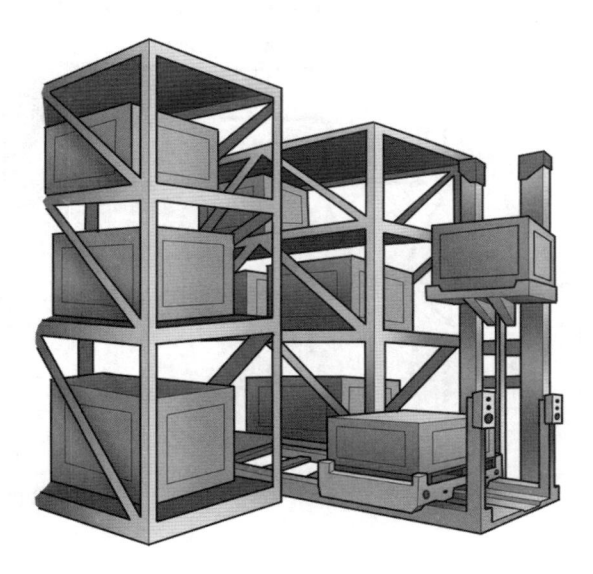

6.2.4 Sistemas flexíveis de manufatura

Os sistemas flexíveis de manufatura (*Flexible Manufacturing Systems* – FMS) são grupos de máquinas de produção organizados em sequência e ligados por máquinas automatizadas de manuseio e transferência de materiais, integradas por um sistema de computador. Produzem uma quantidade de componentes com pouca intervenção humana no processo, por meio da integração de tecnologias programáveis, tais como máquinas-ferramenta, acessórios de máquina e robôs controlados por um computador central. De acordo com Slack, Chambers, Johnston (2002, p. 247), algumas vantagens dos sistemas flexíveis de manufatura são "o tempo de processamento e transporte de menor porte, maior utilização do equipamento (otimização), menor estoque em processo com uma maior qualidade e flexibilidade de produto".

Verifique a representação de um sistema flexível de manufatura na figura a seguir:

Figura 6.6 – Sistema flexível de manufatura

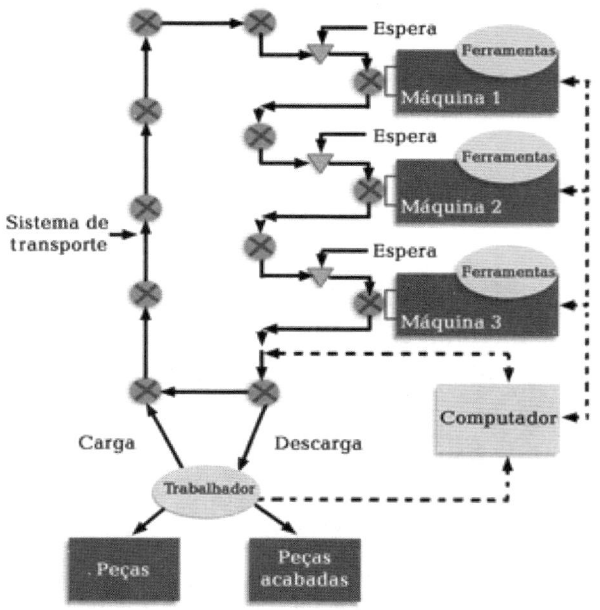

Fonte: Adaptado de Martins; Laugeni, 2000, p. 298.

6.2.5 Manufatura integrada por computador

A utilização da manufatura integrada por computador (*Computer Integrated Manufacturing* – CIM) tem um impacto muito forte no desenvolvimento de tecnologias de automação da produção. Quase todos os sistemas de produção modernos utilizam a implementação de sistemas computadorizados. A sigla CIM traduz o uso maciço dos computadores para projetar os produtos, planejar a produção e controlar as operações.

Ao considerar a diferença entre a automação e a CIM, podemos verificar que a automação se concentra nas atividades físicas da manufatura. Os sistemas de produção automatizados são projetados para realizar o processo, a construção, a manipulação e a inspeção de materiais com pequena ou nenhuma participação humana. A CIM preocupa-se predominantemente com as informações relativas ao processo, necessárias para apoiar as operações do sistema produtivo.

A CIM trata de automatizar as atividades de informação para o processo de manufatura. Ela conecta e integra a tecnologia de informação, que forma a fundação da tecnologia do projeto *Computer Aided Design* (CAD), do desenho assistido por computador, da FMS, dos AGVS ou robôs, promovendo a gestão dessas atividades (programação e controle). Ou seja, faz a integração total do empreendimento industrial pelo uso de sistemas integrados e comunicações de dados, associado a novas filosofias administrativas que melhoram a organização e a eficiência do pessoal, além de ser bem flexível quando comparada com outras tecnologias (Rehg; Kraebber, 2001). Entretanto, o custo de sua aplicação é muito alto e exige cuidados especiais de comunicação entre as partes do sistema.

6.3 Redes industriais

Como será que se iniciaram as instalações de sistemas automatizados nas organizações? Os sistemas não detinham, como atualmente, diversos recursos tecnológicos facilmente encontrados e disponibilizados no mercado. Assim, tivemos situações iniciais que servem de fundamento para o nosso estudo, indo desde sistemas mecânicos, eletromecânicos até os atuais digitais.

A evolução das interfaces de instrumentação começou a partir dos transmissores de 3-15 psi* na década de 1940, utilizados na instrumentação do processamento de sinais de pressão para monitoração dos dispositivos de controle. Na década de 1960, o sinal padrão com interface analógica de 4-20 mA** foi introduzido no controle da instrumentação; ainda nesse período tornou-se a utilização de relés eletromecânicos. Apesar desse padrão, níveis de sinais diferentes foram utilizados para atender muitos instrumentos que não haviam sido projetados dentro de um padrão normativo.

O desenvolvimento de processadores digitais na década de 1970 provocou o uso de computadores para o monitoramento e o controle de sistemas de instrumentos com base em um ponto central. Isso levou à necessidade de integrar os vários tipos de instrumentação digital em redes de campo para otimizar o desempenho do sistema até ser alcançada a tecnologia *Fieldbus* (Scott; Buchanan, 2000).

* Medida de pressão que significa *Pound Force per Square Inch*, ou seja, libra por polegada quadrada.

** Miliampere.

A Tabela 6.1 evidencia a evolução das tecnologias no mercado de instrumentação, conforme o decorrer dos anos.

Tabela 6.1 – Evolução das tecnologias no mercado de instrumentação

Ano	Tecnologia
1940	3-15 psi
1960	4-20 mA analógico
1970	Serial Links
1990	*Fieldbus*

Fonte: Adaptado de Scott; Buchanan, 2000.

■ **Pense a respeito!**

Como será que antigamente eram compostos os sistemas e a comunicação entre os diversos elementos e dispositivos de um ambiente automatizado? Podemos imaginar milhares de metros de cabos cruzando as instalações das fábricas, interligando os dispositivos e uma quantidade inimaginável de conexões que apresentavam diversos tipos de problemas.

Considere ainda que deveriam ser estabelecidos, para o controle e a organização do sistema, indicadores de *performance* ou de estado que possibilitassem ao gestor a interpretação do estado do sistema. Muitas vezes, indicadores que necessitavam de conhecimentos específicos detidos por poucos profissionais poderiam apresentar erros em função das dificuldades físicas de instalação e de operação do sistema.

Considerando os procedimentos de utilização realizados pelos sistemas 3-15 psi e 4-20 mA, somente poderíamos realizar um controle automático das situações dos dispositivos. Leve em conta que as informações obtidas dos sistemas eram, na maioria das vezes, coletadas por um operador e quando ocorria um problema, a dificuldade de localização, em função da complexidade do sistema, se mostrava como um obstáculo, ocasionando perda preciosa de recursos de produção à organização.

O desenvolvimento de processadores cada vez mais rápidos e com possibilidades de processarem maior quantidade de informações causou grande impacto nos sistemas automatizados. Primeiramente, aumentando a capacidade dos dispositivos, permitiu maior quantidade de instruções. Por segundo, a redução do tamanho possibilitou que fossem colocados nos dispositivos equipamentos que pudessem interpretar situações diversas para a tomada de decisão.

Esse desenvolvimento obrigou os gestores a mudarem a postura anterior para uma nova, na qual se privilegiam a redução de custos das instalações e a melhoria da qualidade dos produtos. A melhoria nos dispositivos permitiu a utilização de sensores dos mais diversos tipos e agora com resposta quase imediata aos sistemas de supervisão. Além disso, considere que esses sistemas, em combinação com outros dispositivos, tais como os microcontroladores, as memórias e outros dotados de características essenciais nos sistemas produtivos, trouxeram flexibilidade aos sistemas automatizados, antes inflexíveis, demorados de serem estruturados e onerosos para as organizações.

Os dispositivos tornaram-se mais modulares e permitiram, além da flexibilidade, a possibilidade da realização de manutenção adequada e eficiente, possibilitando, inclusive, que dispositivos pudessem ser utilizados e intercambiados por meio de diversas configurações de sistemas. Restava, entretanto, um problema a ser resolvido: Como esses dispositivos se interligariam de forma a utilizarem todo o seu potencial, considerando que muitos deles eram fabricados por empresas diferentes e, assim, os padrões de comunicação também eram diferentes? Esses padrões diferentes forçavam o cliente a adotar um sistema e, ao fazer isso, ele aceitava obrigatoriamente um conjunto específico de fornecedores de dispositivos e equipamentos.

As redes surgiram, portanto, da necessidade da eliminação de ligações ponto a ponto entre os diversos dispositivos de automação. Vem daí a necessidade de o gestor em escolher adequadamente o tipo de rede e de configuração a serem utilizados. Lugli e Santos (2010, p. 18) consideram que a comunicação oferecida pelas redes deve permitir a comunicação operacional, bem como a comunicação gerencial. Para tanto, o conhecimento em redes industriais fornece os seguintes itens ao gestor para o desempenho do sistema, de acordo com Lugli e Santos (2010, p. 18):

- *Facilidade e segurança na aquisição dos dados pela escolha da melhor e mais segura opção de rede.*
- *Produção e comunicação com eficiência pela correta aplicação das tecnologias exigidas pelas redes.*
- *Melhora no desempenho de produção pela adequação dos tempos de resposta das redes do chão de fábrica.*
- *Melhora no desempenho da execução pela correta especificação da rede.*
- *Retorno do investimento em redes pela melhor utilização das redes de chão de fábrica.*

A arquitetura de controle dos processos industriais evoluiu a partir do *Direct Digital Control* (DDC) em 1962, passou pelo Controlador Lógico Programável (CLP) seguindo para o Sistema de Controle Distribuído (SCD), que deu origem ao Sistema de Controle *Fieldbus* (SCF) ou *Field Control* (Regh; Swain; Yangula, 1999). Para atingirmos os objetivos da automação, devemos primeiramente conhecer as tecnologias utilizadas em sua configuração. Algumas delas já detalhamos nos capítulos deste livro e outras explicitaremos a seguir, considerando a evolução dos sistemas de acordo com os seguintes elementos:

- instrumentação inteligente;
- instrumentação virtual;
- computador no processo;
- Controlador Lógico Programável (CLP);
- Sistema Digital de Controle Distribuído (SDCD);
- Controle de Supervisão e Aquisição de Dados (*Supervisory Control and Data Acquisition* – SCADA);
- integração de sistemas;
- redes industriais.

A **instrumentação inteligente**, à base de microprocessadores, condiciona o sinal no lugar do operador e apresenta a informação de modo amigável. É integrada pelo processador, pela memória e pelo módulo de entrada e saída. A **instrumentação virtual** é representada pela camada de *software* e/ou *hardware* ou de ambos, colocada em um computador de uso geral para que o usuário possa interagir com o computador como se fosse um instrumento convencional. Trata-se de instrumento personalizado elaborado dentro do computador por meio de *software* aplicativo.

O **computador no processo** é utilizado em controle para fazer a aquisição de dados, permitindo, além da coleta analógica ou digital em tempo real, o armazenamento para análises posteriores, o controle sequencial (CLP, SCD ou supervisório), o controle lógico, o controle distribuído (SCD), o controle supervisório e o Scada. Como você pode notar, o computador no processo integra quase que totalmente os outros elementos a seguir considerados.

O Controlador Lógico Programável (CLP), composto de sistema digital, foi introduzido para substituir relés eletromecânicos. É um sistema programável, com aplicabilidade a controle lógico ou discreto com grande capacidade para coletar dados e condicionar sinais. Lembre-se de que, nesse caso, não há interface homem-máquina.

O SCD é um sistema introduzido para substituir painéis de controle convencionais, centralizando tarefas e distribuindo funções. Uma de suas facilidades é que se trata de um sistema configurável, aplicado a controle contínuo e que apresenta interface homem-máquina. Durante os anos, a partir de 1970, o CLP e o SDCD se desenvolveram, adquirindo a capacidade de controlarem aplicações tanto em controle discreto como em controle contínuo.

Os sistemas Scada começaram a ser idealizados desde a primeira metade do século passado, devido à necessidade de obtenção de dados meteorológicos em grande volume. Atualmente, eles são largamente utilizados nas indústrias, principalmente naquelas cujos processos são geograficamente muito distribuídos. Integram sua estrutura um Centro de Operações (CO) com uma Unidade Mestre (UM), que interage com a Unidade Remota (UR), com uma Interface Homem-Máquina (IHM) baseada em computador e uma ou mais UR. Essas URs interagem diretamente com os processos por meio de um sistema de comunicação que permite a troca de informações entre o CO e as URs. A Figura 6.7 a seguir demonstra o relacionamento entre elementos de um sistema Scada.

Figura 6.7 – Relacionamento entre elementos do sistema Scada

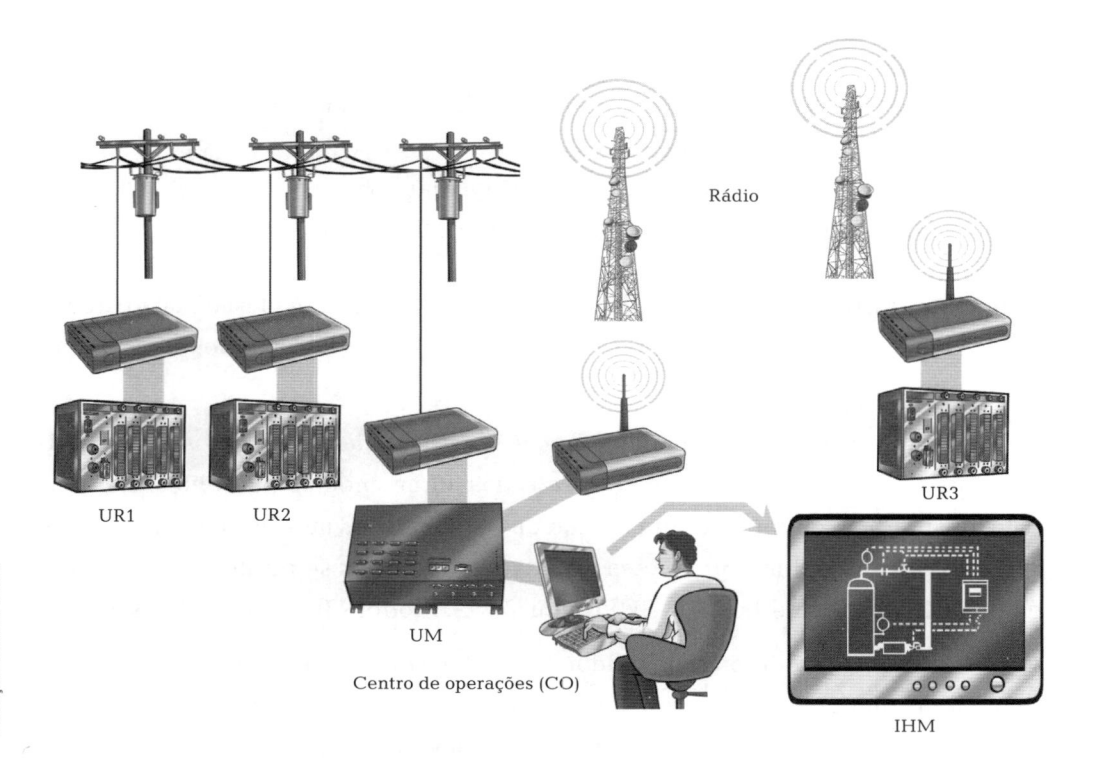

Os sistemas supervisórios permitem a visualização gráfica de informações do processo por cores e animações que dão ao projetista uma ampla gama de comunicação com os mais diversos tipos de marcas e modelos de equipamentos disponíveis no mercado. Verifique na figura anterior que existe um sistema supervisório que integra o sistema Scada, monitorado pelo homem por meio do IHM.

A integração de sistemas tem por objetivo interligar os vários níveis de automação em único sistema. Essa integração tem por objetivos coordenar as diferentes funções dentro dos níveis de trabalho, compartilhar os dados, permitir o compartilhamento dos recursos por meio de análise, permitir a otimização de funções e dos elementos mais básicos da automação.

As redes industriais têm por finalidade integrar todas ou parte das informações presentes em uma indústria. Essas redes compõem um sistema distribuído (eficaz no compartilhamento de informações e de recursos) disposto por um conjunto de máquinas processadoras e atendem a diversos usuários que podem trocar informações em todos os níveis dentro da fábrica. Atualmente, dentre as possíveis topologias para a ligação dos dispositivos de automação a mais utilizada é a de barramento, pois sua utilização traz uma série de vantagens, de acordo com Lugli e Santos (2009, p. 17):

- possui flexibilidade para estender a rede e adicionar módulos na mesma linha;
- atinge maiores distâncias do que com conexões tradicionais;
- simplifica a instalação e a operação;
- disponibiliza ferramentas para instalação e diagnóstico;
- possibilita conectar dispositivos de diferentes fornecedores.

Podemos utilizar modelos de rede de acordo com a seguinte classificação, quanto à forma de transmissão e recebimento de dados: a) origem/destino; b) produtor/consumidor.

Na origem/destino (ponto a ponto) a ação sincronizada entre os nós é muito difícil, uma vez que esses dados chegam aos nós em momentos diferentes. Há, portanto, desperdício de recursos em função da repetição dos mesmos dados, quando apenas o destino é diferente. Nessa abordagem temos os seguintes exemplos de redes: Profibus DP, Interbus-S, ASI, Profibus FMS, Modbus Plus, LONWorks e DH+.

Na abordagem produtor/consumidor (os dados são identificados) os múltiplos nós podem simultaneamente consumir os dados de um mesmo produtor, estando sincronizados e obtendo uma utilização mais eficiente da banda de comunicação. Assim, o modelo proporciona maior funcionalidade, aumenta o fluxo de informação, facilita a migração futura e reduz o tráfego na rede. O modelo com a abordagem produtor/consumidor é representado na figura a seguir:

Figura 6.8 – Abordagem produtor/consumidor

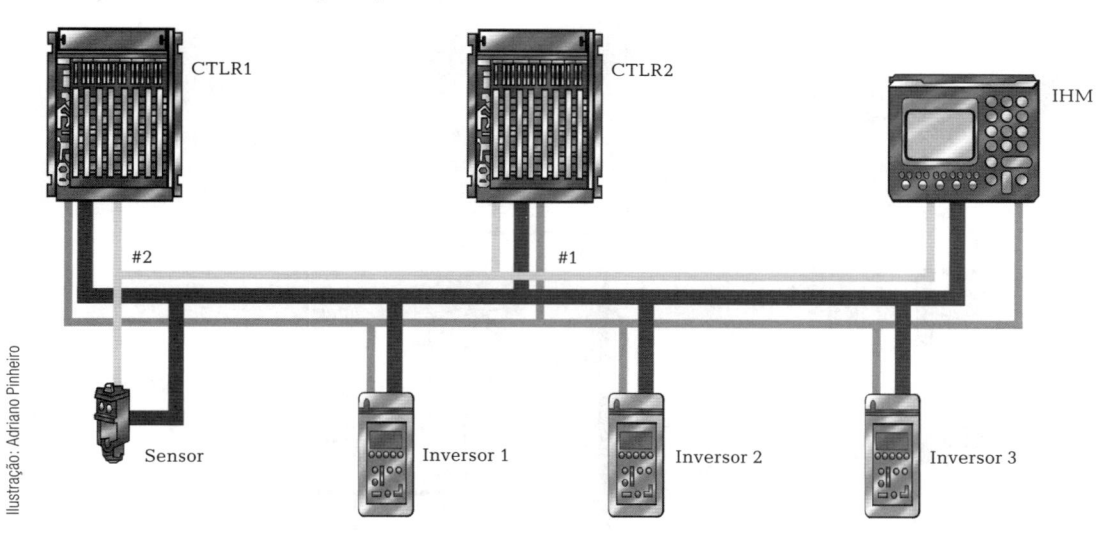

Ilustração: Adriano Pinheiro

Nota:
Mensagem #1 → – referência de posição do sensor transmitida em multicast ao CTRL2 e IHM.
Mensagem #2 → – comando de velocidade do CTRL1 transmitido simultaneamente aos 3 inversores e ao IHM.

Na abordagem produto/consumidor temos como exemplos de sistemas o *Device-Net*, o *ControlNet* e o *Foundation Fieldbus*.

O protocolo *Fieldbus* surgiu de uma necessidade do mercado em ter um protocolo totalmente digital, uma vez que os dispositivos inteligentes já faziam uso da tecnologia digital. O *Fieldbus*, de posse dessa característica digital, pôde transmitir dados serialmente por meio da comunicação única traduzida por um barramento e, ainda, possibilitou a comunicação bidirecional. O *Fieldbus* é uma arquitetura de comunicação de dados, adequada à instalação em ambientes agressivos; propicia medições e controle em ambientes de chão de fábrica (IEC, 2003).

O *Fieldbus* é uma rede local utilizada tanto na indústria de automação de processos como na de manufatura. Essa rede favorece a distribuição da aplicação de controle nos dispositivos da mesma rede e permite que as atividades de medição e controle de processos sejam efetuadas automaticamente pelos dispositivos, sem qualquer intervenção humana, sendo monitoradas e controladas remotamente. Assim, integra os mais avançados conceitos de sistema de automação.

A Figura 6.9 a seguir apresenta as características e as diferenças mais marcantes entre os sistemas *Fieldbus* e o tradicional 4-20 mA.

Figura 6.9 – Diferenças entre os sistemas Fieldbus e 4-20 mA

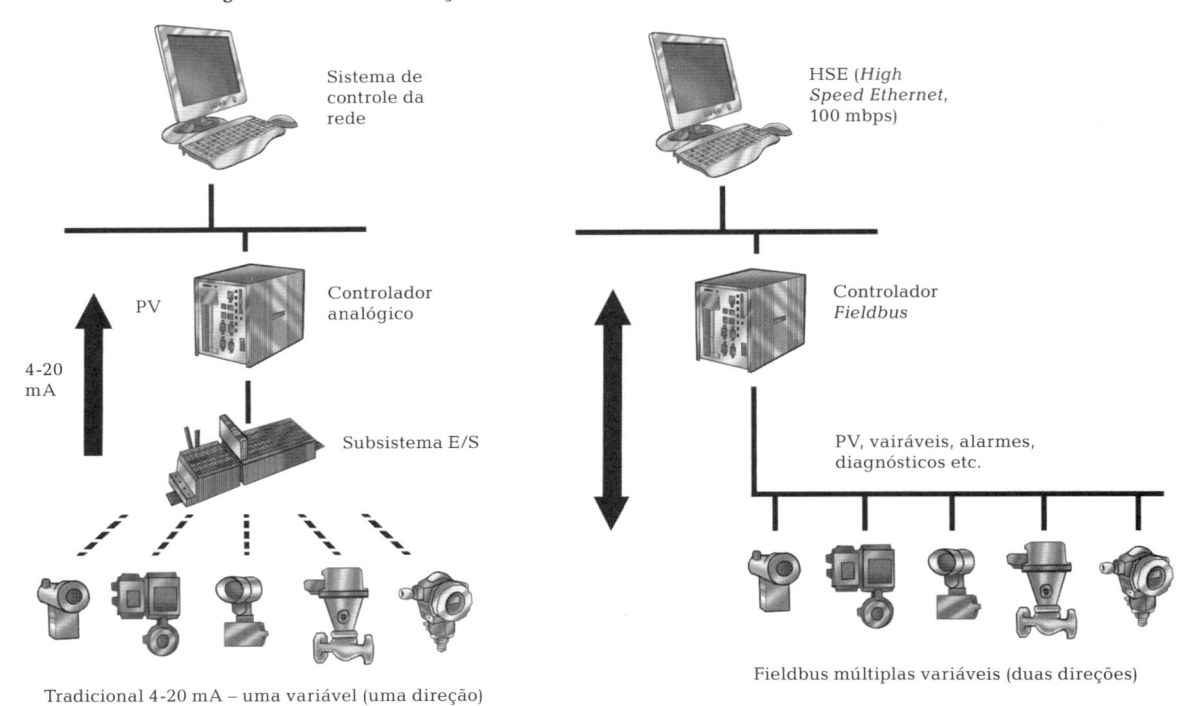

Tradicional 4-20 mA – uma variável (uma direção)

Fieldbus múltiplas variáveis (duas direções)

Ilustração: Adriano Pinheiro

A Fieldbus Foundation elenca uma série de vantagens com sua utilização, entre as quais podemos citar as seguintes, de acordo com Suzaimi (2010):

- O *Fieldbus* permite várias opções de variáveis de cada dispositivo a serem introduzidas no sistema de controle de arquivamento, análise de tendências, otimização de processos, relatórios de manutenção preventiva e de gestão de ativos.
- O *Fieldbus* tem comunicação de caráter digital sem distorção; permite melhorar a capacidade de controle, o que pode melhorar o rendimento do produto.
- O autodiagnóstico e os meios de comunicação do microprocessador baseado nos dispositivos *Fieldbus* ajudam a reduzir o tempo de inatividade e a melhorar a segurança das instalações.
- A operação de planta e o pessoal de manutenção podem ser notificados e as ações corretivas tomadas com rapidez e segurança.
- Blocos de função* são utilizados para implementar a estratégia de controle.

* O controle de estratégia do sistema é construído usando blocos de funções. Estabelece os parâmetros de entrada e saída dos blocos de função que podem ser interligados no *Fieldbus*. A execução de cada bloco funcional é precisamente agendada e pode haver muitos blocos de função em um aplicativo de usuário único. Os blocos de funções podem conter muitas informações, permitindo, por exemplo, entradas e saídas analógicas.

- Muitas funções de controle do sistema podem ser realizadas pelo dispositivo de campo por meio da utilização dessas funções nos blocos padrão.
- A distribuição de controle em dispositivos de campo pode reduzir a quantidade de *hardware* necessário.

Conforme você pode notar, a evolução nas redes industriais se deu em função do avanço geral da tecnologia, passando não somente pelos meios de comunicação, mas também pelos dispositivos de automação como sensores, controladores lógicos programáveis e outros. A evolução até os sistemas em redes multiponto por meio de barramento possibilitou grandes avanços no desempenho dos sistemas automatizados. A maioria dos sistemas em redes da área industrial ainda é representada em meio físico, isso se dá em função da necessidade de se ter precisão e confiabilidade nas informações recebidas, uma vez que o ambiente industrial ainda mantém diversas fontes de interferência que podem interromper ou mesmo mascarar os dados transmitidos, causando grandes prejuízos à organização.

Devemos estar atentos às novas tecnologias pois, além de representarem um avanço nas instalações industriais e nos elementos da automação, proporcionam a redução de custo necessária à manutenção da organização no mercado, com o fornecimento de um produto conforme, adequado ao cliente e com a qualidade esperada.

Síntese

Você pôde verificar neste capítulo as tecnologias de automação industrial utilizadas pela grande maioria das organizações, desde a utilização dos acessórios e equipamentos individualizados – como é o caso do AGV e do torno CNC – até a integração de equipamentos modelados para serem utilizados sistemicamente.

Essa abordagem potencializa a utilização de equipamentos e técnicas para o projeto de um sistema produtivo automatizado. Você verificou também a evolução na forma de comunicação entre os diversos elementos da automação, bem como as vantagens e os benefícios de uma ação adequada e rápida na implementação das redes industriais. O que antes era muito caro, tendo em vista a variabilidade de produtos ofertados, pode ser executado de modo automatizado com produtividade, custos baixos e qualidade.

Questões para revisão

1. Quando podemos utilizar a manufatura integrada por computador?

2. O que são as linhas automatizadas de fluxo?

3. Leia as afirmativas a seguir e verifique quais delas traduzem os princípios dos sistemas automatizados de montagem. Em seguida marque a alternativa que indica as afirmativas **corretas**:

    I. Redução na quantidade de montagens por produto.

    II. Redução do número de fixadores, substituindo-os por encaixes.

    III. Aumento da capacidade de armazenamento.

    IV. Projeção de produtos para montagem em camadas e inserção vertical de peças.

    a) I, II e III.

    b) II, III e IV.

    c) III, IV e I.

    d) IV, I, e II.

4. Leia as afirmativas que apresentam as vantagens de se instalar os ASRS e, em seguida, marque a alternativa **correta**:

    I. Aumenta a capacidade de armazenamento.

    II. Aumenta a produção do sistema.

    III. Reduz custos de mão de obra.

    IV. Melhora a qualidade do produto.

    a) a) Todas as afirmativas estão erradas.

    b) b) Todas as afirmativas estão corretas.

    c) c) Somente as afirmativas I, II e IV estão corretas.

    d) d) Somente as afirmativas II e III estão corretas.

5. Leia as afirmativas a seguir e indique a alternativa **correta**. A inspeção automatizada do controle de qualidade pode ser utilizada para:

    I. avaliar as dimensões físicas das peças.

    II. comparar as medições realizadas com padrões.

    III. determinar se as peças cumprem os padrões de qualidade exigidos.

    IV. aumentar a produção do sistema.

a) Todas as afirmativas estão erradas.

b) Todas as afirmativas estão corretas.

c) Somente as afirmativas I, II e III estão corretas.

d) Somente as afirmativas II e IV estão corretas.

Questões para reflexão

1. Faça uma pesquisa e identifique os usos para os modelos de esteiras transportadoras listados a seguir:

   - convencional;
   - convencional seccional;
   - balanceada;
   - reforçada;
   - dupla;
   - múltiplas;
   - continental;
   - *multiflex*;
   - *grill-flex*;
   - *flat-flex*;

2. Defina e cite os tipos dos modelos de esteiras indicados a seguir:

   - esteiras transportadoras em perfil;
   - esteiras para madeireiras.

Para saber mais

PAULA, M. A. B. de; SANTOS, E. A. P. Uma abordagem metodológica para o desenvolvimento de sistemas automatizados e integrados de manufatura. **Produção**, v. 18, n. 1, São Paulo, 2008. Disponível em: <http://www.scielo.br/scielo.php?script=sci_arttext&pid=S0103-65132008000100002&lng=pt&nrm=iso>. Acesso em: 16 maio 2011.

Para aprender um pouco mais sobre a automação industrial, leia o artigo *Uma abordagem metodológica para o desenvolvimento de sistemas automatizados e integrados de manufatura*, dos autores Marco Antonio Busetti de Paula e Eduardo Alves Portela Santos.

7 tecnologias da automação de informação e serviços

Conteúdos do capítulo:
- *Técnicas utilizadas para serviços;*
- *Dispositivos utilizados para serviços;*
- *Sistemas automatizados para serviços.*

Após o estudo deste capítulo, você será capaz de:
- *conhecer os sistemas de automação de informações e de consumidores;*
- *relacionar os sistemas às necessidades das organizações;*
- *conhecer inovações da automação.*

O objetivo principal deste capítulo, dentro do contexto das tecnologias de automação de informação e serviços, é apresentar as técnicas e os dispositivos utilizados para serviços, assim como a utilização dos sistemas automatizados ao considerar os consumidores.

7.1 Sistemas de automação de informações e de consumidores

Existem diversas tecnologias de automação que nos auxiliam no processo produtivo. A seguir indicamos algumas dessas tecnologias que permitem grandes ganhos na produção:

- redes locais;
- rede *Word Wide Web* (internet);
- extranet;
- sistemas de informação gerencial;
- sistemas especialistas;
- esteiras rolantes;
- leitora de código de barras;
- etiquetas eletrônicas;
- embarque aéreo e tecnologia de ponto de venda.

Essas técnicas de automação descritas são, também, entradas relativas aos recursos transformados para o sistema produtivo.

7.1.1 Redes locais (*Local Area Network* – LAN)

A *Local Area Network* é uma rede de comunicações que opera a uma distância limitada, normalmente dentro da operação. Essa rede, geralmente, é composta de terminais de computadores, telas, interfaces e minicomputadores. As informações são trocadas pelos elementos ao longo da rede. Essa configuração permite que tenhamos acesso especializado a grande quantidade de informação. Suas principais características são a flexibilidade e a modularidade, além de ser uma rede de fácil acesso (Slack; Chambers; Johnston, 2002). Empresas com filiais interligadas por um sistema exclusivo de comunicação são exemplos de LAN.

7.1.2 Rede *Word Wide Web* (internet)

A rede mundial de computadores permite a conexão de LAN e o acesso simultâneo a muitas mensagens, possibilitando a execução de diversas operações. A distribuição das informações é de caráter independente. Entretanto, há a desvantagem de a rede ser insegura para a realização de operações, uma vez que todos podem ter acesso aos canais de comunicação. Atualmente, diversas operações de processamento de consumidores e informação têm sua base fundamentada na tecnologia da rede mundial de computadores, tendo em vista as facilidades de programação e os sistemas de hipermídia* e hipertexto**. A internet permite que negócios possam ser realizados entre empresas por meio de rede *e-business*, operações de compra e venda (*e-commerce*), serviços de cursos pela rede (educação a distância), entre outros (Slack; Chambers; Johnston, 2002).

7.1.3 Extranet

Fundamentada na *World Wide Web*, a extranet conecta organizações para a troca de operações e realizações de negócios. Pode se utilizar de outras ferramentas de tecnologia, permitindo, assim, o uso seguro. Sua característica principal é permitir a ligação ponto a ponto entre os integrantes, gerando segurança na transmissão e na troca de dados e informações. A extranet é utilizada por grandes empresas que interligam seus setores por meio de uma rede de computadores privativa com abrangência externa à empresa, devendo ser utilizada exclusivamente por ela (Slack; Chambers; Johnston, 2002).

7.1.4 Sistemas de Informação Gerencial

Os Sistemas de Informação Gerencial (SIG) ou *Management Information Systems* (MIS) são sistemas que mudam a forma como a informação é apresentada, de modo que possa ser utilizada no gerenciamento de uma organização. Esses sistemas podem gerenciar estoques, frequência de produção, previsão de demanda, processamento de pedidos e outros. Eles fornecem informações estruturadas baseadas nos dados registrados, além de gerar um retorno rápido e de qualidade de

---

*Hipermídia – forma combinatória, permutacional e interativa de multimídia, em que textos, sons e imagens estáticas e dinâmicas estão ligados entre si.

**Hipertexto – são textos cuja leitura pode ser feita na ordem que o usuário desejar. Os assuntos mantêm inter-relação por meio de *links* (ligações), que utilizam como pontes as denominadas *palavras-chave âncoras (hotwords)*, botões de *links* ou de navegação, fotos, textos pequenos ou mesmo ícones distribuídos.

pesquisa, o que facilita o processo decisório. Entretanto, além de ter custos elevados, podem fornecer volume excessivo de dados para análise. As empresas, para caminhar em direção à automação, tendem a se utilizar cada vez mais do MIS. (Slack; Chambers; Johnston, 2002).

7.1.5 Sistemas especialistas

Os sistemas especialistas (*Expert Sistems* – ES) utilizam recursos computacionais para fornecer informações dentro de uma área específica da organização. Por exemplo, o controle de compras é baseado no saldo em estoque, no preço do produto, no tempo de entrega etc. e pode ser logicamente estruturado com um nível de especialidade, suficiente para emular (simular) o processo humano de resolução de problemas. Um sistema especialista é fundamentado num modelo de decisão que pode não atender às necessidades de outras empresas. O desenvolvimento desse tipo de sistema é caro e sua modelagem é limitada (Slack; Chambers; Johnston, 2002).

7.1.6 Esteiras rolantes

As esteiras rolantes transportam um grande número de passageiros a grandes distâncias por simples correias em movimento, controladas sob o piso. As esteiras facilitam viagens longas, mantêm um fluxo constante e contínuo de transporte, são de alto custo e, na maioria das vezes, não podem ser transferidas para outro local para utilização (feitas sob medida). Podemos exemplificar esteiras rolantes como aquelas utilizadas em supermercados e *shopping centers*, conforme você pode observar na figura a seguir:

Figura 7.1 – Esteira rolante

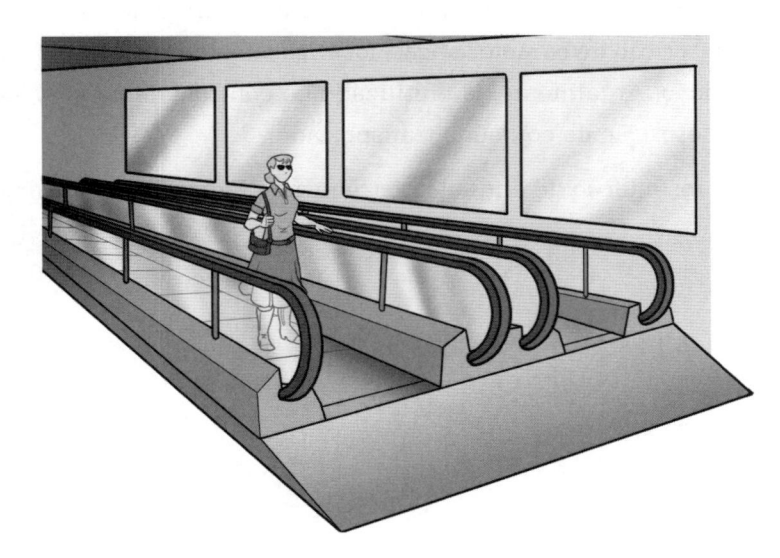

7.1.7 Leitora de código de barras

A leitora de código de barras rastreia e controla itens, seu uso, valores e movimentação, capturando, rápida e detalhadamente, os dados. Esse sistema é constituído por uma série de linhas e de espaços de larguras diferentes. Dois são os padrões existentes: o sistema *Universal Product Code* (UPC) comum nos Estados Unidos e no Canadá; o sistema *European Article Numbering* (EAN). A EAN Brasil é responsável pela implantação e administração do Código Nacional de Produtos (Código de Barras EAN). Observe a Figura 7.2: os três primeiros dígitos referem-se ao país (777), os cinco dígitos da sequência referem-se à empresa (88888), os próximos quatro representam o produto (9999) e os últimos são dígitos de controle. Esse tipo de sistema é utilizado em larga escala no mercado por propiciar a redução de custos, a padronização e a aceitação por convenções comuns.

Figura 7.2 – Exemplificação de código de barras padrão EAN

7 778888 899995   1 1 1 1

Fonte: Adaptado de Martins; Laugeni, 2000, p. 31.

7.1.8 Etiqueta eletrônica

A etiqueta eletrônica é similar ao código de barras; entretanto, funciona de forma mais produtiva porque as informações podem ser lidas por meio de um portal ou leitor de radiofrequência sem que seja necessário o contato com o produto. Esse sistema é capaz de registrar e disponibilizar todas as informações cabíveis, como procedência, descrição de características, localização etc., permitindo melhor controle e distribuição. Atualmente, já é utilizado no controle de paletes, na carga e descarga e na descrição do conteúdo transportado.

Veja uma representação de etiqueta eletrônica na Figura 7.3 a seguir:

Figura 7.3 – Etiqueta eletrônica

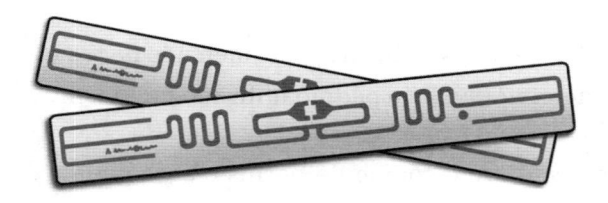

7.1.9 Embarque aéreo e tecnologia de ponto de venda eletrônico

Voltado especialmente para o caixa e para a função de compras, esse sistema processa informações sobre o consumidor e é capaz de realizar diversas operações, tais como a soma do valor da compra, o processamento do cartão de crédito etc. A tecnologia de ponto de venda eletrônico processa rapidamente os produtos para o consumidor, com informação em tempo real sobre os estoques da empresa. Mas, para isso, é necessário o cadastramento de diversos itens na base de dados do sistema, acarretando um custo elevado em sua preparação e na reparação de eventuais erros que venham a ocorrer, em razão destes não serem visíveis ao operador (Slack; Chambers; Johnston, 2002). Analogamente, temos o embarque aéreo, em que o sistema processa diversas informações simultâneas do consumidor, como dados do cartão de crédito, informação em tempo real sobre o local de transporte (representado pelo atendimento na linha de frente), como também os serviços de despacho e transporte de mercadorias e bagagens.

Síntese

Verificamos neste capítulo a existência de diversos sistemas de automação de informações e consumidores. Destacamos entre eles a rede *World Wide Web* e a etiqueta eletrônica, os quais, apesar de já serem muito utilizados, ainda proporcionarão grandes ganhos às organizações. Ganhos de produtividade em diversas áreas já são sentidos de forma imediata, desde o setor de recebimentos de valores de pagamento até o atendimento das necessidades dos clientes. Atualmente, é uma obrigação das organizações estarem presentes na internet e somente o futuro poderá nos dizer os limites dessas ferramentas combinadas.

Questões para revisão

1. Quais são os dois padrões utilizados pelo mercado para a elaboração do código de barras comercial? Qual é o padrão utilizado no Brasil?

2. Qual a diferença entre o código de barras e a etiqueta eletrônica? Por que a etiqueta ainda não é utilizada em larga escala?

Para as próximas questões, marque a alternativa **correta**:

3. Os Sistemas de Informação Gerencial:

    a) compreendem uma rede de comunicações que opera a uma distância limitada, normalmente dentro da operação. Essa rede, normalmente, é composta de terminais de computadores, telas, interfaces e minicomputadores.

    b) conectam organizações para a troca de operações e realizações de negócios. Podem utilizar outras ferramentas de tecnologia, permitindo, assim, o uso seguro.

    c) são sistemas que mudam a forma como a informação é apresentada, de modo a poder ser utilizada no gerenciamento de uma organização.

    d) utilizam recursos computacionais para fornecer informações dentro de uma área específica da organização.

4. Os sistemas especialistas:

    a) compreendem uma rede de comunicações que opera a uma distância limitada, normalmente dentro da operação. Essa rede é composta de terminais de computadores, telas, interfaces e minicomputadores.

    b) conectam organizações para a troca de operações e realizações de negócios. Podem utilizar outras ferramentas de tecnologia, permitindo, assim, o uso seguro.

    c) são sistemas que mudam a forma como a informação é apresentada, de modo a poder ser utilizada no gerenciamento de uma organização.

    d) utilizam recursos computacionais para fornecer informações dentro de uma área específica da organização.

5. A extranet:

   a) é uma rede de comunicações que opera a uma distância limitada, normalmente dentro da operação. Essa rede é composta de terminais de computadores, telas, interfaces e minicomputadores.

   b) conecta organizações para troca de operações e realizações de negócios. Pode utilizar outras ferramentas de tecnologia, permitindo, assim, o uso seguro.

   c) trata-se de sistemas que mudam a forma como a informação é apresentada, de modo a poder ser utilizada no gerenciamento de uma organização.

   d) utiliza recursos computacionais para fornecer informações dentro de uma área específica da organização.

Questões para reflexão

1. Faça uma pesquisa e verifique quais são as ferramentas que podem ser utilizadas por meio da internet para potencializar a automação da informação nas organizações.

2. Faça uma pesquisa e defina os termos *automação da força de vendas*, *automação do varejo* (linha de frente e retaguarda) e *automação de processos* da micro e da pequena empresa.

Para saber mais

HIC INTERNATIONAL CORPORATION. Disponível em: <http://www.rubber-steel-industrial-products.com/portugues-language/aboutus.htm>. Acesso em: 16 maio 2011.

Amplie um pouco mais seus conhecimentos sobre esteiras acessando o *site* da IHC Internacional.

Você pode verificar as aplicações para a utilização de esteiras transportadoras e acessórios.

8 mecanismos de comando e controle

Conteúdos do capítulo:
- *Mecanismos de comando e sua utilização na automação;*
- *Tipos de sinais;*
- *Diferenciações do comando realizado pelo processamento de sinais;*
- *Características técnicas entre os procedimentos utilizados na automação;*
- *Usos do comando numérico computadorizado, do controlador lógico programável e do ar comprimido;*
- *Utilização de sensores.*

Após o estudo deste capítulo, você será capaz de:
- *compreender o fluxo das variáveis em sistemas de comando simples e automáticos;*
- *identificar a diferenciação dos tipos de sinais;*
- *identificar a diferenciação entre os tipos de comandos e a forma de processamento dos sinais;*
- *realizar a comparação entre os meios de trabalho e suas técnicas;*
- *reconhecer e aplicar o CNC, o CLP, a utilização do ar comprimido;*
- *relatar as vantagens da utilização dos elementos CNC, CLP e ar comprimido;*
- *compreender o uso de sensores na automação.*

Os objetivos deste capítulo são apresentar uma conceituação básica sobre os mecanismos de comando e controle dos diversos elementos da automação da produção, considerar os tipos de sinais utilizados nos dispositivos de automação e apresentar as vantagens e desvantagens dos seguintes instrumentos para a produção: de comando e controle; pneumáticos; hidráulicos; elétricos. Além disso, indicaremos a utilização dos comandos numéricos computadorizados e dos controladores lógicos programáveis. Finalmente, apresentaremos um estudo básico sobre o controle e o uso do ar comprimido, muito utilizado na automação dos sistemas produtivos.

8.1 Mecanismos de comando

O comando é a sequência em um sistema no qual uma ou mais grandezas influenciam o processo, como grandezas de entrada (tensão, corrente, frequência, temperatura etc.) e grandezas de saída (tensão específica ou controlada), de acordo com as leis próprias do sistema (Meixner; Sauer, 1996, p. 8).

Um comando é executado em malha aberta quando as variáveis de entrada (x_i) fornecem informações para o comando que processa essas informações, conforme sua construção interna, e libera informações de saída que influenciarão o fluxo de energia (Natale, 2000). Confira o modelo de um comando executado em malha aberta na figura a seguir.

Figura 8.1 – Fluxo das variáveis de entrada e resultado

Grandezas de entrada → X_1, X_2, X_3 → Processo Sistema → XS_1, XS_2 → Grandezas de saída

Fonte: Adaptado de Meixner; Sauer, 1996, p. 8.

Em um comando de malha fechada, característico de um controle automático, a variável controlada (velocidade, força etc.) deve estar sempre próxima de um valor desejado e previamente estabelecido. O controle automático trabalha com variáveis como as que constam na Figura 8.2.

Figura 8.2 – Características de um controle automático

$X_1 \longrightarrow$ Sistema a regular $\longrightarrow XS_1$

Dispositivo de Regulação
Grandeza de referência

Fonte: Adaptado de Natale, 2000.

Quando existe um desvio da variável controlada, um sinal de erro aparece pela comparação entre a variável de referência e a variável controlada. Esse sinal de erro atua sobre o sistema de regulação, que é responsável pela emissão do sinal de autocorreção.

Figura 8.3 – Sentido de fluxo em uma cadeia de comando

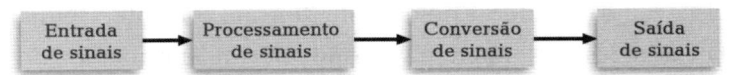

Entrada de sinais → Processamento de sinais → Conversão de sinais → Saída de sinais

Fonte: Adaptado de Meixner; Sauer, 1996, p. 50.

O fluxograma de sinais mostra o percurso de um sinal desde a entrada, o processamento e a conversão, até a saída, conforme representamos na Figura 8.3. No projeto de um comando, a divisão anterior conduz a uma separação entre o módulo de processamento dos sinais e os módulos de comando e trabalho. Na prática, essa separação pode ser facilmente reconhecida.

Na maioria dos casos, em instalações mais complexas, o sistema de comando encontra-se separado do módulo dos elementos de trabalho comandados. Segundo Natale (2000), os elementos dos módulos de comando e trabalho podem ser divididos nos seguintes grupos:

- *elementos para entrada de sinais: interruptores fins de curso, de came ou rolete, emissores de sinais sem contato, sensores de proximidade, barreiras pneumáticas, barreiras fotoelétricas, pulsadores manuais, interruptores manuais, pedais etc;*
- *programadores com portadores de programa: fita perfuradora, cartão perfurado, memórias eletrônicas, programadores de came e sequenciadores pneumáticos;*

- *elementos para o processamento de sinais: elementos para a conversão de sinais, válvulas pneumáticas, módulos eletrônicos, contatores, relés etc;*
- *amplificadores ou intensificadores: válvulas eletromagnéticas, pneumáticas e hidráulicas, contatores de acionamento pneumático ou hidráulico, pressostatos, transdutores em geral;*
- *elementos para saída e comando de atuadores: válvulas hidráulicas e pneumáticas, contatores de potência;*
- *atuadores: motores (pneumáticos, hidráulicos e eletrônicos), cilindros (pneumáticos e hidráulicos).*

8.2 Tipos de sinais

Um sinal é a representação de informações em forma de um valor ou de uma curva de valores de uma grandeza física. A seguir analisaremos sinais analógicos, discretos, digitais e binários.

8.2.1 Sinal analógico

É um sinal ao qual pertencem, ponto a ponto, diferentes informações dentro de uma faixa contínua de valores. O parâmetro de informações (Ip) desses sinais pode admitir, portanto, qualquer valor dentro de determinados limites (Meixner; Sauer, 1996, p. 51-53).

Ao observarmos a tensão elétrica compreendida, por exemplo, entre 0 e 127 Volts (V), poderão surgir valores intermediários, que são sinais exatamente determinados. Assim, podemos verificar a evolução da temperatura em termômetros, tacômetros, veículos automotores etc.

8.2.2 Sinal discreto

São os sinais cujo Ip, dentro de determinados limites, pode admitir somente uma quantidade finita de valores; estes não estão relacionados entre si. A cada valor é indicada uma determinada informação (Meixner; Sauer, 1996, p. 51-53).

8.2.3 Sinal digital

É um sinal cujo parâmetro de informações está dividido em subparâmetros de valores, sendo que a cada um deles corresponde uma determinada informação. (Meixner; Sauer, 1996, p. 51-53).

8.2.4 Sinal binário

Um sinal binário é um sinal digital com apenas dois subparâmetros, compondo o Ip. É também definido como um sinal de duas informações, por exemplo: ligado e desligado; sim e não; 1 e 0 (Meixner; Sauer, 1996, p. 51-53).

Enquanto a técnica de regulagem trabalha, principalmente, com sinais analógicos, a técnica de comando utiliza com maior frequência os sinais digitais, mas nesse caso predominam os sinais binários; estes possuem grande significado no processamento de informações, porque são facilmente representáveis tecnologicamente (por exemplo, os interruptores) e também porque podem ser processados com facilidade.

Na prática, é absolutamente necessário, no caso dos sinais binários, atribuir de forma inequívoca as faixas de valores em relação ao sinal. Para evitar interferências, deve existir entre ambas a faixa de valores, uma faixa de segurança suficientemente grande (por exemplo: sinal "0", de 0 a 5 V; sinal "1", de 10 a 20 V), conforme você pode conferir na figura a seguir:

Figura 8.4 – Estabelecimento de faixa de segurança

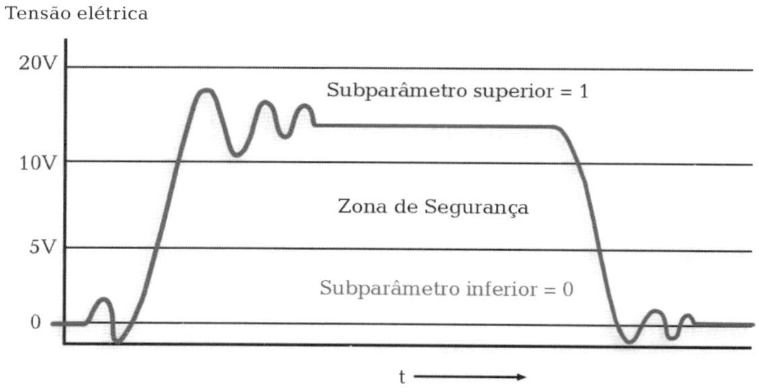

Fonte: Adaptado de Meixner; Sauer, 1996, p. 53.

Dentro dos limites do subparâmetro superior de valores, o sinal pode variar entre 10 e 20 V e mesmo assim será reconhecido como "1". O mesmo ocorre para o subparâmetro inferior de valores que, variando entre 0-5 V, será reconhecido como "0". Dessa maneira, obtemos uma certa segurança contra interferências. A ampliação desses subparâmetros e, consequentemente, da zona de segurança está sujeita a limites tecnológicos. Para os componentes são mencionados, nas folhas dos catálogos de especificações, os valores do subparâmetro para o sinal "1", bem como para o sinal "0" e os da zona de segurança.

8.3 Características de diferenciação para comandos

Algumas características diferenciam as operações de comandos. Uma delas é relativa ao tipo de informações; outra é a diferenciação segundo o processamento de sinais; já a terceira é a diferenciação pelas características técnicas.

A diferenciação de acordo com o tipo de informação está relacionada com a forma como o comando realiza a "leitura" para o tratamento de sinais. Segundo Meixner e Sauer (1996, p. 10), a diferenciação entre os comandos se apresenta da seguinte forma:

- *Comando analógico – É um comando que trabalha, principalmente, no quadro de tratamento, com sinais analógicos. O processamento dos sinais realiza-se, principalmente, com elementos funcionais que atuam permanentemente.*
- *Comando digital – É um comando que, no quadro de tratamento de sinais, trabalha, principalmente, com informações representadas por números. O processamento dos sinais é realizado, na maioria das vezes, com unidades digitais de funções, tais como contadores, registros, memórias, unidades aritméticas e lógicas. As informações a serem processadas estão representadas num código binário.*
- Comando binário – É um comando que, dentro do processamento de sinais, trabalha, na maioria das vezes, com sinais binários, isto é, o domínio das informações está dividido em dois conjuntos individuais. O comando binário processa os sinais binários de entrada, transformando-os em sinais binários de saída, mediante elementos de interligação, de tempo e de memória.

A diferenciação, segundo o processamento de sinais, refere-se à forma como os sinais de um comando são interligados e processados (Meixner; Sauer, 1996, p. 11). Os comandos podem se subdividir conforme indicado no Quadro 8.1 a seguir.

Quadro 8.1 – Diferenciação pelo processamento de sinais

Comando	Descrição
Síncrono	É um comando no qual o procedimento de sinais realiza-se sincronicamente em relação a um sinal do ciclo.
Assíncrono	É um comando que trabalha sem sinal do ciclo. Nesse comando, as modificações do sinal são produzidas apenas pelas alterações dos sinais de entrada.
De interligações	É um comando que associa às condições dos sinais de entrada certas condições dos sinais de saída, no sentido de interligações tipo Boole.
Sequencial	É um comando com sequência compulsória passo a passo, no qual se efetua a sequência de um passo a passo para o próximo do programa, em dependência das condições da sequência.
Sequencial temporizado	É um comando sequencial cujas condições de sequência dependem somente do tempo para serem produzidas. Podem ser utilizados, por exemplo, elementos de tempo, contadores de tempo, cilindros de comando e leitores de fita perfurada.
Sequencial dependente da operação	É um comando sequência cujas condições de sequência dependem somente de sinais do sistema de comando (operação). Trata-se de um comando sequencial dependente da operação e trabalha em um circuito fechado de ação. Trata-se de um processo no qual uma variável a ser controlada é continuamente medida e comparada a outra. O processo é influenciado pelo resultado dessa comparação, no sentido de igualar a grandeza de referência. A sequência resultante é denominada *malha fechada*.

Fonte: Adaptado de Meixner; Sauer, 1996, p. 11-14.

As características técnicas gerais comparadas referem-se à possibilidade de utilização de diversas modalidades na concepção de um dispositivo automático, que faz com que consigamos uma diminuição de custos e uma desejável eficiência técnica nos equipamentos e elementos de automação. Vários outros fatores influenciam na opção da tecnologia dos atuadores ou do comando a ser utilizado, como o local de instalação do dispositivo, as interferências ou influências externas do ambiente, o tipo de trabalho a ser realizado, os custos de instalação e manutenção e a qualificação do pessoal de manutenção e operação. Veja no Quadro 8.2 algumas características técnicas e a comparação entre as técnicas de automação.

Quadro 8.2 – Comparação dos meios de trabalho

	Pneumática	Hidráulica	Elétrica
Força	Força limitada pelo uso de baixas pressões (35.000 - 40.000 N)	Grandes forças com a utilização de pressões elevadas.	Pequena eficiência, pequena força, não permitindo sobrecarga.
Torque	Pequenos torques com possibilidade de travamento nos motores sem prejuízos e sem consumo de mais energia.	Altos torques, no caso de travamento; alto consumo de energia.	Altos torques sem possibilidade de travamento em condições normais.
Movimento linear	Simples obtenção, alta aceleração e alta velocidade (1.5 m/s), controle de velocidade e parada com limitações.	Simples obtenção, velocidades menores que os elementos pneumáticos, bom controle de velocidades lentas.	Obtenção direta complexa e custosa possível para forças pequenas ou obtenção indireta por meio de adaptações mecânicas.
Movimento rotativo ou basculante	Motores pneumáticos com possibilidade de altas rotações (50.000 rpm), porém pequenas potências.	Motores hidráulicos que possibilitam altos torques e bom controle.	Motores elétricos que possibilitam larga faixa de potências, bom controle, boa variedade nas características.
Regulagem	Força e velocidade reguláveis (via pressão e controle de fluxo, respectivamente).	Possibilidades de regulagens com maior precisão, possibilitando uma boa característica do controle.	Controle preciso com sofisticações nos circuitos de controle.
Acúmulo de transporte e energia	Armazenamento possível e fácil, transporte possível até distâncias de 1.000 m.	Armazenamento e transporte limitados.	Armazenamento direto em forma de eletricidade, possível por meio de acumuladores. Transporte de energia viável a grandes distâncias.
Influências do meio ambiente	Suporta variações de temperatura, não há risco de explosão em ambientes ricos em gases.	Sensível a variações de temperatura. Em casos de vazamentos, riscos de fogo e contaminação.	Relativa sensibilidade à temperatura. Risco de explosão no caso de faiscamento em ambientes ricos em gases.
Custos da energia	Relativamente altos se comparados à eletricidade.	Altos se comparados à eletricidade.	Energia barata em comparação com a pneumática e a hidráulica.
Manuseio	Com rápidas instruções, pode-se manusear o equipamento sem grandes riscos.	Necessários certos cuidados, pois se trabalha com alta pressão.	Elementos especializados deverão manipular os equipamentos, pois em caso de falhas o risco é alto.

Fonte: Adaptado de Meixner; Sauer, 1996, p. 16-17.

8.4 Comando Numérico Computadorizado – CNC

Como já vimos nos capítulos anteriores, o Comando Numérico Computadorizado (CNC) é uma técnica que utiliza uma série de números, letras ou símbolos que, quando codificados, podem transmitir instruções para as máquinas que realizam tarefas. Primeiramente, essa técnica foi desenvolvida para as chamadas *máquinas-ferramentas* e, atualmente, pode ser utilizada em diversos tipos de máquinas, em diversos processos produtivos.

Inicialmente, tínhamos somente o Comando Numérico (CN), ou seja, as instruções passadas às máquinas não eram realizadas por meio do computador. Com a introdução do computador nesse processo, o CN passou a ser chamado CNC. O computador permitiu grande flexibilidade ao processo de elaborar instruções para as máquinas, por meio de novos programas. As fitas e os cartões perfurados foram substituídos por programas que poderiam ser facilmente guardados e recuperados nos computadores.

De acordo com Oliveira (2004), as principais vantagens das máquinas CNC são:

- *Flexibilidade: essa é a maior vantagem das máquinas CNC em relação às máquinas automáticas, controladas por cames e dispositivos mecânicos. As máquinas CNC podem ser rapidamente reprogramadas para realizar outro tipo de operação. Nas máquinas automáticas, a reprogramação é muito mais demorada e muito limitada devido à necessidade de se trocarem elementos mecânicos.*
- *Usinagem de perfis complexos: as máquinas CNC realizam operações tridimensionais (3D) de usinagem, que antes eram impossíveis de se obter.*
- *Precisão e repetibilidade: devido à elevada repetibilidade das máquinas, é possível usinar muitas peças com as mesmas características dimensionais, sem desvios. Os componentes mecânicos e o sistema de controle da máquina CNC possibilitam atingir precisão na faixa de milésimos de milímetro.*
- *Menor necessidade de controle de qualidade: os custos com inspeção de peças é menor, devido à precisão e à repetibilidade. É importante que a primeira peça produzida seja verificada cuidadosamente. Durante o processo, é necessário somente verificar o desgaste das ferramentas, que pode ocasionar desvios nas medidas desejadas.*

- *Melhoria da qualidade da usinagem*: essas máquinas possibilitam o controle da rotação e da velocidade de avanço via programa, o que permite obter melhores acabamentos superficiais, especialmente no torneamento, em que o uso da velocidade de corte constante é possível.
- *Custos reduzidos de armazenamento*: as máquinas CNC são muito flexíveis, tornando fácil e rápido reprogramar um novo lote de produto e dispensar o armazenamento de grande quantidade de peças de reposição. Lembre-se de que o armazenamento de material representa capital parado.
- *Velocidade de produção elevada*: devido à possibilidade de utilizar velocidades muito elevadas de posicionamento em vazio (acima de 10 m/min) e de fazer trocas automáticas de ferramentas, os tempos mortos são minimizados, e o tempo de usinagem é mais curto.
- *Custos reduzidos de ferramentas*: as máquinas convencionais requerem gabaritos e fixações especiais de alto custo, que levam muito tempo para serem fabricadas e são difíceis de modificar. As máquinas CNC não precisam de gabaritos: o comando controla o percurso percorrido pela ferramenta. As fixações necessárias e as ferramentas de corte são simples.

Nas últimas décadas, com o desenvolvimento dos elementos que compõem o conjunto representativo do CNC, foi possível, no lugar de utilizar grandes instalações, desenvolver essa atividade em espaços reduzidos, em função da diminuição e do aperfeiçoamento dos elementos do CNC. Assim, atualmente, com o aumento da capacidade de armazenamento de dados nos computadores, podemos utilizar, em uma mesma máquina, diversos tipos de ferramentas que podem ser trocadas automaticamente para a realização do trabalho, reduzindo o tempo de troca de ferramentas e aumentando a produtividade.

Podemos encontrar diversas facilidades de programação nos *softwares* existentes atualmente no mercado e, ainda, customizar instruções para facilitar a operação e a programação das máquinas.

8.5 Controlador Lógico Programável – CLP

Criado dentro da indústria automobilística, na General Motors da Hydromic Division, por volta de 1970, o Controlador Lógico Programável (CLP) serviu para facilitar as mudanças que ocorriam nas linhas de montagem, uma vez que a cada mudança no processo deveriam ser alterados os painéis de comando e controle. Como outros dispositivos, o CLP evoluiu paralelamente às novas descobertas tecnológicas e de informática, tais como a evolução dos transistores e circuitos integrados para os microprossessadores e microcontroladores, saindo da utilização discreta (individual) para a utilização em paralelo, com *Fieldbus* (barramento de campo), IA (inteligência artificial), redes etc.

Você pode verificar um modelo de CLP na figura a seguir.

Figura 8.5 – Controlador Lógico Programável

Ilustração: Estevan Gracia Gonçalves

Existe uma variedade muito grande de CLPs que atende a diversos usos de trabalho, tipos de processos e máquinas de operação. Anteriormente aos CLPs, tínhamos em uso os relés eletromagnéticos. Portanto, o uso dos CLPs permite, também, uma grande flexibilidade nos projetos de processo e controle da operação. Um CLP tem as seguintes características, segundo Oliveira (2004):

- *hardware e/ou dispositivo de fácil controle e rápida programação ou reprogramação, com a mínima interrupção da produção;*
- *capacidade de operação em ambiente industrial;*
- *sinalizadores de estado e módulos tipo plug-in de fácil manutenção e substituição;*
- *hardware ocupando espaço reduzido, com baixo consumo de energia;*
- *possibilidade de monitoração do estado e operação do processo ou sistema, por meio da comunicação com computadores;*
- *compatibilidade com diferentes tipos de sinais de entrada e saída;*
- *capacidade de alimentar, de forma contínua ou chaveada, cargas que consomem correntes de até 2 A;*

- *hardware de controle que permite a expansão dos diversos tipos de módulos, de acordo com a necessidade;*
- *custos de compra e de instalação competitivos em relação aos sistemas de controle convencionais;*
- *possibilidade de expansão da capacidade de memória;*
- *conexão com outros CLPs pela rede de comunicação.*

O CLP é um dispositivo digital adequado à utilização industrial. Como seu nome indica, é programável, pois utiliza-se de uma memória para armazenamento das instruções, que podem ser de diversos tipos. Ele controla as entradas e as saídas de informações que se destinam aos vários tipos de máquinas controladas existentes no sistema.

8.5.1 Vantagens do CLP

Em comparação com outros dispositivos de controle industrial, os CLPs têm as seguintes vantagens, de acordo com Oliveira (2004): "menor espaço ocupado, menor potência elétrica requerida, reutilização, ser programável, maior confiabilidade, fácil manutenção, maior flexibilidade, permitir interface por meio de rede de comunicação com outros CLPs e microcomputadores e projeto mais rápido".

Outro elemento que, se integrado ao CLP, pode potencializar seu uso e reduzir custos para as indústrias é o chamado *Fieldbus*, um barramento que permite a redução no uso dos condutores utilizados para interligar sensores e atuadores aos sistemas de controle.

Podemos utilizar os CLPs em diversos tipos de ramos industrias, tais como:

- máquinas industriais (operatrizes, injetoras de plástico, têxteis e calçados);
- equipamentos industriais para processos (siderurgia, papel e celulose, petroquímica, química, alimentação, mineração etc);
- equipamentos para controle de energia (demanda, fator de carga);
- controle de processos de sinalização, intertravamento e controles;
- aquisição de dados de supervisão em fábricas, prédios inteligentes etc;
- bancadas de teste automático de componentes industriais.

Os CLPs não são encontrados somente nas indústrias e nos processos industriais, mas também em produtos eletrônicos de residências e veículos, que são comercializados diretamente ao consumidor.

Para Oliveira (2004), alguns princípios traduzem melhor o funcionamento de um CLP:

- *Variáveis de entrada: São sinais externos recebidos pelo CLP que podem ter origem em fontes pertencentes ao processo controlado ou de comandos gerados pelo operador. Tais sinais são gerados por dispositivos como sensores diversos, chaves ou botoeiras.*
- *Variáveis de saída: São dispositivos que controlam cada ponto de saída do CLP. Tais pontos poderão servir para intervenção direta no processo controlado, tanto por acionamento próprio como servindo de sinalização de estado em painel sinótico. As variáveis de saída podem ser contatores (são dispositivos eletromecânicos destinados a comandar circuitos, capazes de estabelecer, conduzir e interromper correntes), válvulas, lâmpadas, displays (dispositivos ópticos que sinalizam uma determinada instrução) e outros.*
- *Programa: É uma sequência específica de instruções selecionadas de um conjunto de opções oferecidas pelo CLP, que irão efetuar as ações desejadas de controle, ativando memórias internas e os pontos de saída do CLP a partir de sua monitoração (memórias e pontos de entrada). Sendo um CLP composto por CPU (unidade central de processamento) e interfaces para os sinais de entrada e saída, seu princípio fundamental de funcionamento é a execução por parte da CPU de um programa que realiza ciclicamente as ações de leitura das entradas, execução do programa de controle do usuário e atualização da saída*

Como na produção temos o tempo de ciclo, que nos indica o tempo de saída de um produto da linha de montagem, no CLP temos o chamado *ciclo de varredura*, que é o tempo total para a execução das tarefas controladas, em que o tempo de ciclo corresponde à execução de uma operação completa. Ao diminuirmos os tempos, aumentamos a velocidade do processo produtivo e, consequentemente, há o aumento da produtividade.

8.6 Controle e usos de ar comprimido

Podemos definir *ar comprimido* como o ar submetido a uma pressão superior à atmosférica, servindo, na automação industrial, para fins industriais. Ele pode ser obtido com a utilização de compressores de ar que realizam a compressão até que se atinja a pressão de trabalho requerida. Podemos ter grandes e pequenas instalações que produzem o ar comprimido. Normalmente, em indústrias que requerem grande uso desse recurso são construídas estações centrais de compressão e distribuição de ar comprimido. Entretanto, há pequenas indústrias e serviços que requerem mudanças frequentes de local, em que as centrais podem ser portáveis e acompanham a execução dos serviços móveis.

Quando projetamos as centrais ou a utilização do ar comprimido, devemos sempre dimensionar adequadamente as instalações para suprir a demanda presente e futura, com a aquisição de novos equipamentos e aparelhos pneumáticos. Quando a ampliação é posterior, a instalação torna-se geralmente muito cara. O grau de pureza do ar é muito importante, pois um ar limpo garante uma longa vida útil à instalação. A utilização correta dos diversos tipos de compressores também deve ser considerada (Meixner; Sauer, 1996, p. 24).

8.6.1 Tipos de compressores

Conforme as necessidades fabris, em relação à pressão de trabalho e ao volume, são utilizados compressores de diversos tipos de construção. Diferenciam-se dois tipos básicos: o primeiro é baseado no princípio de redução de volume – adquire-se a compressão, sugando o ar para um ambiente fechado e diminuindo posteriormente o tamanho desse ambiente. A esse tipo de construção denominamos *compressor de êmbolo* ou *pistão* (compressores de êmbolo de movimento linear). O outro tipo de construção funciona segundo o princípio de fluxo – sucção do ar de um lado e compressão no outro, por aceleração da massa de ar, turbina (Meixner; Sauer, 1996, p. 26-28).

- Compressor de êmbolo
  Esse tipo de compressor de êmbolo de movimento linear é muito utilizado na indústria, sendo apropriado para baixas, médias e altas pressões. Para serem obtidas pressões elevadas de ar, são necessários compressores de vários estágios de compressão. O ar aspirado será comprimido pelo primeiro êmbolo (pistão), refrigerado, em um processo intermediário, para posteriormente ser comprimido pelo segundo êmbolo (pistão). O volume da segunda câmara de compressão é menor em relação ao da primeira câmara. Durante o trabalho de compressão, forma-se uma quantidade de calor que tem de ser eliminada pelo sistema de refrigeração. Os compressores de êmbolo podem ser refrigerados

por ar ou água. Para pressões mais elevadas, são necessários mais estágios (Meixner; Sauer, 1996, p. 26-28).

- Compressor radial

  O ar é impelido para as paredes da câmara e, posteriormente, em direção ao eixo e do sentido radial para outra câmara, em direção à saída.

- Compressores rotativos

  Nesse modelo, os compartimentos se estreitam (diminuem), comprimindo o ar contido em seu interior. Aparelhos de ar-condicionado utilizam esse tipo de compressor.

- Compressores rotativos multicelulares

  Em um compartimento cilíndrico, com aberturas de entrada e saída, gira um rotor alojado excentricamente. O rotor tem palhetas que, em conjunto com as paredes, formam pequenos compartimentos (células). Quando em rotação, as palhetas são apertadas contra a parede pela força centrífuga. Devido à excentricidade de localização do rotor, há a diminuição e o aumento das células de forma contínua. As vantagens desse compressor estão em sua construção, em seu funcionamento silencioso, contínuo e equilibrado e no fornecimento uniforme de ar, livre de qualquer pulsação.

- Compressor duplo parafuso (helicoidais)

  São dois parafusos helicoidais, sendo que, pelos perfis côncavo e convexo, comprimem o ar que é conduzido axialmente.

- Turbo compressor

  Os turbos compressores trabalham segundo o princípio de fluxo e são adequados para o funcionamento de grandes vazões. São construídos em duas versões: axial e radial. Em ambos os tipos de construções, o ar é colocado em movimento por uma ou mais turbinas. Essa energia de movimento é então transformada em energia de pressão. A compressão ocorre pela aceleração do ar aspirado no sentido axial do fluxo.

8.6.2 Os usos do ar comprimido

Podendo ocorrer em atividades além da automação, a utilização do ar comprimido é muito diversificada. Observe a utilização do ar comprimido indicada por Meixner e Sauer (1996, p. 26-27): "motores pneumáticos (transporte pneumático), teares pneumáticos (ferramentas pneumáticas), injeção de plástico (jateamento), circuitos integrados (instrumentação), indústria farmacêutica, química e alimentícia (pintura), e ar para respiração (automação)".

8.7 Sensores e acessórios para automação

Existem inúmeros tipos de sensores e acessórios para automação industrial. A seguir relacionamos os mais usuais.

8.7.1 Tipos de sensores

- Sensores indutivos

    São sensores que emitem sinais, criando um campo magnético que, quando atravessado por elementos metálicos, converte a perturbação em sinal elétrico compreensível. Por não entrar em contato com o elemento metálico, esse tipo de sensor tem grande durabilidade e precisão. Existem também diversos dispositivos de proteção contra interferências nas leituras dos sinais.

    Observe a representação de sensores indutivos na figura a seguir:

Figura 8.6 – Sensores indutivos

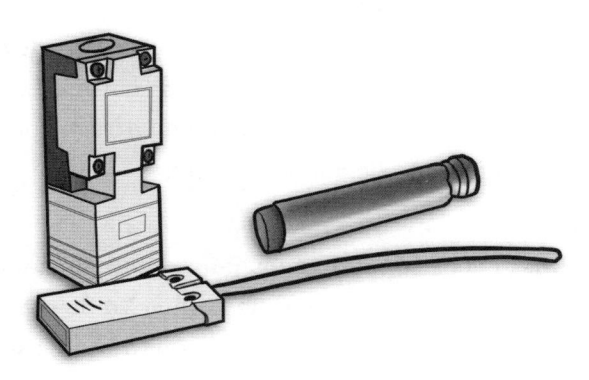

- Sensores capacitivos

    Os sensores capacitivos são utilizados para a detecção de quaisquer materiais não metálicos, sendo principalmente utilizados para controle de nível, presença de líquidos e materiais não ferrosos. São de utilização mais popular.

- Sensores magnéticos

    Os sensores magnéticos são utilizados para o posicionamento de pistões em cilindros hidráulicos ou pneumáticos. São sensores compostos por um contato feito de material ferromagnético, que é acionado na presença de um campo magnético e apresentam o seguinte princípio de funcionamento: quando um ímã aproxima-se do sensor, o campo magnético atrai as chapas de metal, fazendo com que o contato elétrico se feche.

Veja a representação de sensores magnéticos na Figura 8.7.

Figura 8.7 – Sensores magnéticos

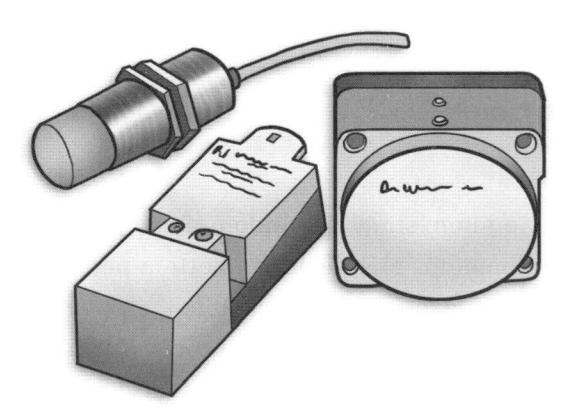

- Sensores fotoelétricos

    Os sensores fotoelétricos são utilizados em todos os setores industriais, desde a detecção de posição e monitoração, até a contagem de objetos. Existem linhas específicas para a detecção de marcas, cores, contrastes e etiquetas, com modelos *laser*, ultravioleta e infravermelho (sensores para automação de portas, fluxo de pessoas e leitores de código de barras). Podem ser utilizados pontualmente ou em formato de cortinas de luz.

- Sensores ultrassônicos

    Os sensores ultrassônicos são utilizados para detecção (sem contato de objetos) e medição de distâncias, em controle de nível e de diâmetro de bobinas. Suportam condições ambientais como sujeiras e fumaça, são isentos às características do objeto, tais como cor e opacidade, e apresentam grande variedade para aplicações específicas na automação industrial.

Observe modelos de sensores ultrassônicos na Figura 8.8.

Figura 8.8 – Sensores ultrassônicos

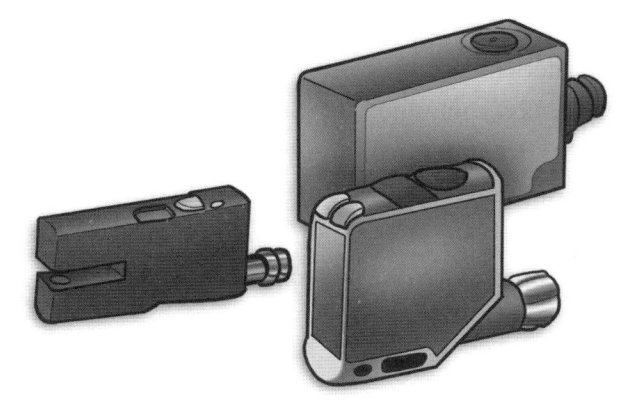

8.7.2 Acessórios

Acessórios são dispositivos diversos que integram o processo de tranformação e que ajudam a compor os sistemas de automação. Apresentaremos alguns deles a seguir.

- *Encoders*

    Encoders são dispositivos necessários em todas as aplicações que envolvem a determinação de valores, tais como rotação, velocidade, aceleração e percurso. São muito utilizados na área de engenharia mecânica, de transportes, logística e fabricação. Conferem precisão, confiabilidade e flexibilidade aos sistemas.

Figura 8.9 – Encoders

- Unidades de controle

    Podemos exemplificar como unidades de controle de processos as unidades que realizam contagens, como os tacômetros, os temporizadores e os *displays*.

- Sistemas de identificação

    O uso de sistemas de identificação automática possibilita a otimização da produção, auxiliando a montagem de diversas configurações em uma mesma linha. Podem identificar objetos, veículos, pessoas, ferramentas, dentre outros elementos.

- Interface homem-máquina (IHM)

    A IHM consiste em dispositivos que realizam a conexão entre homem e máquina para comunicação com os principais CLPs e controladores do mercado. Podemos, inclusive, incorporá-los aos próprios CLPs.

Figura 8.10 – Exemplos de IHM

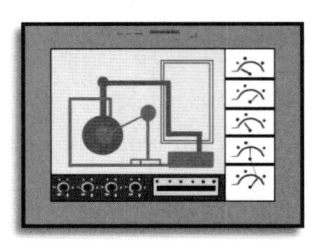

Outros acessórios podem ser representados por aparelhos de sistemas de calibração, como registradores gráficos com ou sem papel, fontes de alimentação, microcomputadores e monitores industriais.

Síntese

Vimos neste capítulo que a automação deve considerar a forma como os sinais são recebidos e transmitidos. Os comandos processam sinais e, em função desses sinais, temos desempenhos diferenciados. Em nossa análise consideramos a utilização da pneumática, da hidráulica e da elétrica na resposta a determinadas necessidades. Utilizando-nos da conceituação básica, compreendemos o uso no CNC e relatamos suas vantagens como máquina em uso na indústria. Não nos esquecemos do CLP, que demonstra a sua adaptabilidade de acordo com as características apresentadas. O uso do ar comprimido foi considerado, uma vez que é largamente utilizado nos sistemas industriais e automáticos. Estudamos a utilização dos sensores, que são equivalentes aos nossos sentidos, e finalizamos com os acessórios que auxiliam na integração entre homem e máquina.

Questões para revisão

1. Por que um comando em malha fechada é mais adequado para se trabalhar com um controle automático?

2. O que são *encoders*? Por que são utilizados? Exemplifique.

Para as próximas questões, marque a resposta **correta**:

3. Qual alternativa indica o tipo de sinal que traduz a afirmação a seguir?

   É um sinal com apenas dois subparâmetros, compondo o parâmetro de informações (Ip). É também definido como um sinal de duas informações.

   a) Sinal analógico.
   b) Sinal discreto.
   c) Sinal digital.
   d) Sinal binário.

4. Qual alternativa indica o tipo de comando que traduz a definição a seguir?

   Comando que associa as condições dos sinais de entrada, certas condições dos sinais de saída, no sentido de interligações tipo *Boole*.

   a) Comando síncrono.
   b) Comando assíncrono.
   c) Comando de interligações.
   d) Comando sequencial.

5. Qual alternativa apresenta o tipo de compressor que traduz a afirmação a seguir?

   Nesse tipo de compressor, muito utilizado em aparelhos de ar-condicionado, os compartimentos se estreitam (diminuem), comprimindo o ar contido em seu interior.

   a) Compressor de êmbolo.
   b) Compressor radial.
   c) Compressor rotativo.
   d) Compressor helicoidal.

Questões para reflexão

1. Faça uma pesquisa e estabeleça as diferenças entre um sensor e um transdutor. Os dois podem trabalhar em harmonia dentro da automação da produção?

2. Os sensores podem ser classificados de diversas formas. Realize uma pesquisa e identifique os seis grupos de sensores existentes, exemplificando cada um deles, se possível dentro da automação industrial.

3. Você sabia que existem sensores eletroquímicos? Realize uma pesquisa e indique os possíveis usos para eles.

Para saber mais

SIEMENS. **Bero**: sensores para automação industrial. Disponível em: <http://www.siemens.com.br/templates/coluna1.aspx?channel =5490&parent=3470&channel_pri_nivel=3470>. Acesso em: 16 maio 2011.

Para auxiliá-lo na compreensão do estudo e na verificação das possibilidades de utilização de sensores dentro de um processo de automação, consulte o *site* da Siemens e verifique, diretamente no catálogo do fabricante Bero, especificações para diversos tipos de sensores.

9 robótica

Conteúdos do capítulo:
- *Robótica para utilização industrial;*
- *Anatomia do robô e suas vantagens na indústria;*
- *Vantagens da utilização da robótica;*
- *O modo de utilização dos robôs em função de seus usos.*

Após o estudo deste capítulo, você será capaz de:
- *interpretar o conceito de produtividade na robótica;*
- *conhecer a anatomia dos robôs e relacioná-la às exigências produtivas;*
- *reconhecer as configurações mais comuns de robôs;*
- *entender os sistemas de controle e as características de precisão e de repetibilidade;*
- *reconhecer os sensores e sua utilização na robótica;*
- *entender e classificar os robôs pelo seu uso.*

O objetivo básico deste capítulo é discorrer sobre a robótica, seus aspectos relativos à automação, especificando o funcionamento dos robôs e de seus elementos. Serão considerados os tipos de utilização da robótica, a classificação dos robôs e as vantagens de seu emprego no sistema produtivo.

9.1 Produtividade na robótica

O termo *produtividade* foi utilizado pela primeira vez pelo economista francês François Quesnay, aproximadamente em 1766. Estudos, controles e avaliação de produtividade vêm sistematicamente sendo implementados nas empresas como forma de manutenção destas no mercado competitivo (Martins; Laugeni, 2000, p. 373).

O conceito mais usual em robótica é aquele em que consideramos a quantidade do produto produzido por um determinado tempo. Portanto, a produtividade depende das entradas e saídas no processo produtivo. O robô industrial está diretamente relacionado a esse processo, pois é multifuncional: manipula, reprograma, movimenta ferramentas, peças, materiais e dispositivos especializados por meio de movimentos variáveis programados para o desempenho de uma variedade de tarefas.

9.2 Anatomia de robô

O manipulador de um robô industrial é constituído por uma série de juntas e ligações. A anatomia do robô trata dos tipos e tamanhos dessas juntas, ligações e outros aspectos que fazem parte da construção física do manipulador.

9.2.1 Juntas e ligações

A junta de um robô industrial é semelhante a uma junta do corpo humano, fornece movimento entre duas partes da estrutura. Cada junta proporciona para o robô um grau denominado de *liberdade de movimento* ou *Degree of Freedom* (DOF). Em quase todos os casos, apenas um DOF é associado a uma junta. No futuro, será possível que robôs tenham mais de um grau de liberdade em cada junta.

Os robôs também podem ser classificados de acordo com o de grau de liberdade que possuem. Conectado a cada junta existem duas ligações, uma chamada de *ligação de contribuição* e outra chamada de *ligação de produção*. As ligações são os componentes rígidos do robô. O propósito da junta é fornecer movimento relativo, controlado entre a ligação de contribuição e a ligação de produção.

Quase todos os robôs industriais apresentam dois tipos de movimento linear e três tipos de movimento rotativo e possuem juntas mecânicas que, segundo Martins e Laugeni (2000, p. 373), podem ser classificadas em:

- **Junta linear**: *o movimento relativo entre a ligação de contribuição e a ligação de produção é um movimento deslizante linear, com os dois eixos de ligações em paralelo. Diz-se que é um tipo de junta L.*
- **Junta ortogonal**: *também é um movimento deslizante linear, mas a contribuição e ligações de produção são perpendiculares (a um ou a outro) durante o movimento. É um tipo de junta O.*
- **Junta rotacional**: *fornece um movimento rotacional relativo das juntas, com o eixo de rotação perpendicular aos eixos da contribuição e ligações de produção. É um tipo de junta R.*
- **Junta torcida**: *essa junta também envolve um movimento rotativo, mas o eixo de rotação é paralelo ao eixo das duas ligações. Esse tipo de junta é chamado de T.*
- **Junta rotativa**: *nesse tipo em comum, o eixo da ligação de contribuição é paralelo ao eixo de rotação da junta, e o eixo da ligação de produção é perpendicular ao eixo de rotação. Esse tipo de junta é chamado de V.*

Observe a representação de um robô na Figura 9.1.

A maioria dos robôs locomovem-se no chão, montados em uma base estacionária. Um manipulador típico de robô pode ser dividido em duas seções: uma montagem de corpo e braço e uma montagem de pulso. Normalmente, existem três graus de liberdade associados com o corpo/braço e dois ou três graus de liberdade normalmente associados ao pulso. Ao término do pulso do manipulador está um objeto que é relacionado à tarefa que deve ser realizada pelo robô. Por exemplo, o objeto pode ser uma parte de um produto que será carregado em uma máquina ou pode ser uma ferramenta, que é manipulada para executar algum processo. O corpo/braço do robô é usado para posicionar o objeto e o pulso é usado para orientar esse objeto.

Figura 9.1 – Robô com seis movimentos padrões

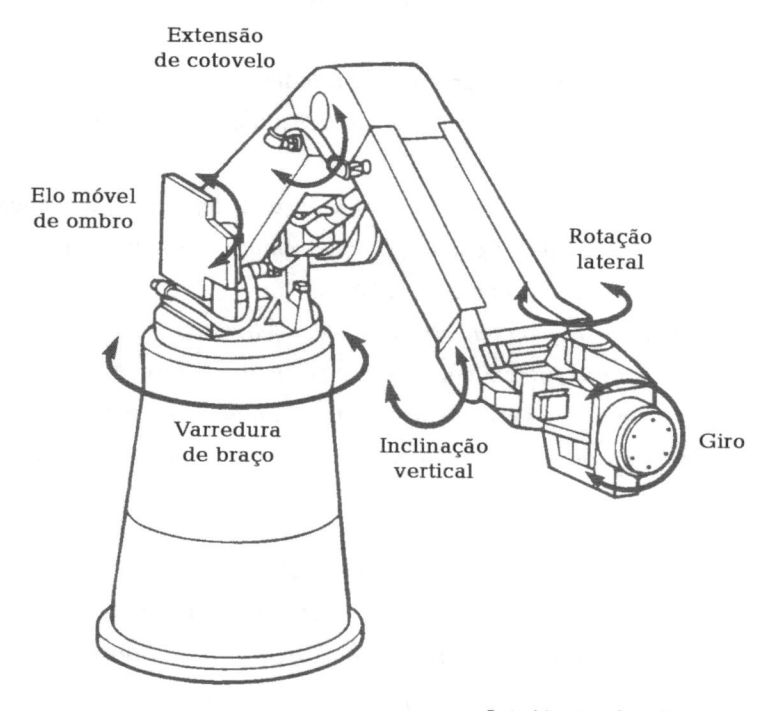

Fonte: Adaptado de Slack; Chambers; Johnston, 2002, p. 256.

O corpo/braço deve ser capaz de efetuar a mudança no objeto para qualquer posição, em uma das três direções, de acordo com Slack, Chambers e Johnston (2002): "movimento vertical (movimento do eixo-z), movimento radial (dentro-e--fora ou movimento do eixo-y) e movimento da direita-para-esquerda (movimento de eixo-x, roda sobre eixo vertical na base)".

9.3 Configurações mais comuns de robôs

Dados os cinco tipos de junta definidos na Seção 9.2, devemos observar que há 125 combinações diferentes de juntas que podem ser usadas para projetar a montagem de corpo/braço para três graus de liberdade de um robô manipulador.

Há algumas configurações básicas disponíveis em robôs industriais comerciais. Para Groover (1987, p. 214-215), essas configurações são:

- **Configuração polar**: *essa configuração tem uma caracterização de TRL. Um braço corrediço (tipo junta de L) é atuado relativo ao corpo, que pode girar sobre ambos, um eixo vertical (tipo junta de T) e um eixo horizontal (tipo junta de R).*

- **Configuração cilíndrica**: *essa configuração de robô consiste em uma coluna vertical, em que uma montagem de braço pode ser movida para cima e para baixo.*
- **Robô de coordenada cartesiano**: *outro nome para essa configuração é robô de eixo x-y-z. É composto de três juntas deslizantes e duas que são ortogonais.*
- **Robô de braço articulado**: *esse robô tem a configuração geral análoga a um braço humano. Com uma junta de ombro e uma junta de cotovelo, o braço pode ser girado em sua base.*
- **Scara**: *robô de montagem com braço seletivo livre; é semelhante ao robô de braço articulado, exceto pelo ombro e eixos de rotação de cotovelo que são verticais. Isso significa que o braço pode ser construído para ser muito rígido na direção vertical, mas livre na direção horizontal.*

O volume de trabalho do manipulador é definido como a área ou espaço no qual o robô pode manipular o fim de seu pulso. Esse volume depende, em grande parte, do tipo de configuração do robô. Uma configuração polar tende a ter uma esfera parcial como seu volume de trabalho; já um robô cilíndrico tem uma área de trabalho cilíndrica, e um robô de coordenada cartesiano tem um espaço de trabalho retangular.

9.4 Sistemas de controle de robô

As ações das juntas individuais devem ser controladas para que o manipulador execute um ciclo de movimento desejado (Groover, 1987, p. 217).

As juntas são movidas por atuadores de força e por uma forma particular de sistema de comando. Já os sistemas de direção mais comumente usados em robótica são os de comando elétrico, os de comando hidráulico e os de comando pneumático. Os sistemas de comando elétrico fazem uso de motores elétricos como atuadores em comum (servomotores, motores de passo e os mesmos tipos gerais de motores usados em máquinas-ferramenta de controle numérico). Sistemas de comando hidráulico e pneumático usam dispositivos como pistões lineares e atuadores rotativos para realizar o movimento da junta.

O comando pneumático é reservado para robôs menores, aqueles usados em aplicações de transferência de material. Os comandos hidráulico e elétrico são usados em robôs industriais mais sofisticados. Os comandos elétricos estão mais disponíveis em robôs de uso comercial, são mais prontamente adaptáveis ao controle por computador e em robôs de comando elétrico e são relativamente precisos se comparados aos hidráulicos. Em contrapartida, as vantagens do comando hidráulico incluem maiores velocidade e força.

O tipo de sistema de comando, como atuadores, sensores de posição e sensores de velocidade, bem como os sistemas de controle de avaliação para as juntas, determina as características de resposta dinâmica do manipulador. A velocidade com que o robô pode alcançar uma posição programada e a estabilidade de seu movimento são duas características importantes de resposta dinâmica em robótica.

Desse modo, a velocidade de resposta é importante porque influencia o tempo de ciclo do robô e esse fato determina a taxa de produção na aplicação de robôs na indústria. Há uma relação entre a estabilidade e a quantidade de excesso de oscilação que acontece no movimento do robô. O controle de avaliação é usado durante o ciclo de movimento para averiguar se as juntas individuais alcançaram os locais desejados definidos no programa.

9.5 Precisão e repetibilidade

A capacidade do robô para posicionar e orientar, com precisão e repetibildade, o fim de seu "pulso" é um atributo de controle importante em quase todas as aplicações industriais (Groover, 1987, p. 248). Algumas aplicações de montagem requerem que o item seja localizado com uma precisão de 0.005 a 0.013 centímetros. Outras aplicações, como soldar, normalmente requerem precisões de 0.05 a 0.10 centímetros. Assim, podemos perguntar: Como um robô pode mover suas várias juntas para alcançar posicionamento preciso e repetível? Há várias condições que devem ser consideradas nessa discussão, tais como:

- o controle de resolução;
- a precisão;
- a repetibilidade.

Essas condições têm os mesmos significados básicos em robótica que os encontrados também em Controle Numérico Computadorizado (CNC), ou seja, controle de resolução e precisão.

A repetibilidade é uma especificação citada com frequência nas empresas que comercializam robôs. Outras especificações que deveriam ser mencionadas são velocidade, carga transportada e capacidade.

A velocidade de movimento de um robô industrial é fator importante que determina o tempo de ciclo de trabalho. A velocidade máxima de um robô grande pode ser tão alta quanto 2 m/s, podendo ser programada no ciclo de trabalho de forma que diferentes partes do ciclo sejam executadas em diferentes velocidades. Às vezes, a capacidade do robô para acelerar e desacelerar de uma maneira controlada é mais importante que a própria velocidade para efetuar um trabalho. Em muitos ciclos de trabalho, a maior parte do movimento do robô é executada em uma área limitada do volume de trabalho e, consequentemente, o robô nunca alcança sua velocidade máxima. Nesses casos, todo o ciclo de movimentos está direcionado para acelerar e desacelerar, no lugar de imprimir uma velocidade constante. Um braço de um robô que realiza soldas em diversos pontos de um chassi acelera para se dirigir ao ponto A, desacelerando até parar e efetuar a solda e repetindo o mesmo movimento ao se dirigir ao ponto B.

Outros fatores que influenciam a velocidade do ciclo de movimento são o peso (massa) do objeto que está sendo manipulado e a precisão com que o objeto deve ser localizado ao término de um determinado movimento.

A capacidade de carga transportada pelo robô depende de seu tamanho físico, de sua construção e da força que pode ser transmitida ao fim do pulso.

São chamados de ferramentas e *grippers* (prendedores) os dispositivos presos ao fim do pulso dos robôs. O dispositivo de fim trata-se de um dispositivo especial que se prende ao pulso do manipulador para permitir ao robô que realize uma tarefa específica. Em função das grandes variações nos tipos de tarefas que são executadas pelos robôs industriais, o dispositivo de fim deve ser criado para um trabalho específico. De acordo com Groover (1987, p. 220), as ferramentas utilizadas por robôs como dispositivos de fim podem ser: "solda a ponto, arco que solda ferramentas, pistola *spray* de pintura, furadeira, ferramentas de montagem (por exemplo, chave de fenda automática) e jato de água como ferramenta cortante".

Em cada caso, o robô deve controlar não só a posição relativa da ferramenta com relação ao trabalho – em função do tempo –, mas também a operação da ferramenta. Para iniciar, parar e regular suas ações, o robô precisa transmitir sinais de controle para cada ferramenta.

Como vimos anteriormente, um fator que devemos lembrar, ao considerar a capacidade de carga transportada, é que os robôs normalmente trabalham com ferramentas ou *grippers* presos aos pulsos. Segundo Groover (1987, p. 222), os *grippers* podem ser:

- *grippers mecânicos, nos quais a parte é agarrada entre dedos mecânicos e os dedos que atuam mecanicamente;*
- *grippers a vácuo, nos quais são usados copos de sucção para segurar objetos planos;*
- *dispositivos magnéticos, para segurar partes ferrosas;*
- *dispositivos adesivos, em que uma substância adesiva é usada para segurar um material flexível como tecidos.*

9.6 Sensores em robótica

Os sensores usados em robótica industrial podem ser classificados em duas categorias, a de sensores internos ao robô e a de sensores externos ao robô, embora possam ser usados os mesmos tipos de sensores em ambas as classes.

Os sensores internos ao robô são utilizados para controlar a posição e a velocidade das juntas. Sensores externos ao robô são usados para coordenar a operação do robô com o outro equipamento.

Em muitos casos, os sensores externos são dispositivos relativamente simples, como interruptores de limite, que determinam se uma parte do produto foi posicionada corretamente em uma instalação ou indicam que outra parte do produto pode ser colocada em um transportador. A seguir discriminamos outras situações, mas que requerem tecnologias mais avançadas de sensor.

- Sensores táteis – São utilizados para determinar se existe o contato entre o sensor e o objeto. Podem ser de dois tipos: sensores de contato, que determinam se o robô tocou a peça em uma operação, e sensores de força, que indicam a força com a qual o objeto é segurado.
- Sensores de proximidade – Esse tipo de sensor é usado para indicar a distância atual do objeto.
- Visão de máquina e sensores ópticos – Podem ser usados recursos de visão e outros sensores ópticos para vários propósitos como sensores ópticos (fotocélulas e outros dispositivos de fotomedição para descobrir presença ou ausência de objetos ou identificar se o objeto está próximo). A visão de máquina é usada em robótica para inspeção, identificação de partes, orientação, entre outros.

9.7 Classificação de robôs pelo uso

Os robôs ainda podem ser classificados do seguinte modo, conforme indicam Slack; Chambers e Johnston (2002, p. 256):

- *Robôs de manuseio – A peça de trabalho é manuseada pelo robô, por exemplo, para manuseio, carga e descarga de peças de trabalho em máquinas-ferramenta, operações de fundição, prensagem, moldagem por injeção, forjamento, ajuste etc.*
- *Robôs de processo – A peça é segura pelo robô, por exemplo, nos vários tipos de operações de trabalho em metal (corte, perfuração, raspagem), ligação de materiais (soldagem, colagem, rebitagem), tratamentos de superfícies (pinturas, revestimento de superfície, polimento) etc.*
- *Robôs de montagem – Os robôs são usados para montagem de peças, componentes e produtos completos.*

Podemos observar que existe uma ampla variedade de combinações que podem adotar a utilização da robótica nos sistemas produtivos. As indústrias, de modo geral, trabalham com situações que tendem a promover a substituição de humanos por robôs, em função das seguintes características, indicadas por Groover (1987, p. 222-223):

- **Ambiente de trabalho perigoso para humanos** – *Quando o ambiente de trabalho é perigoso, incômodo ou desagradável para humanos, considera-se fundamental um robô industrial para o trabalho; são situações de trabalho como soldagem e pintura, dentre outras.*
- **Ciclo de trabalho repetitivo** – *Uma segunda característica que tende a promover o uso da robótica é um ciclo de trabalho repetitivo. Se a sucessão de elementos pelo ciclo é o mesmo, e os elementos consistem em movimentos relativamente simples, normalmente um robô é capaz de executar o ciclo de trabalho com maior consistência e repetibilidade que um trabalhador humano.*
- **Manipulação difícil para humanos** – *Se a tarefa envolve a manipulação de partes ou ferramentas que são pesadas ou difíceis de se manipular, é provável que um robô industrial possa executar a operação. Partes ou ferramentas que são muito pesadas para serem controladas convenientemente por humanos estão dentro da capacidade de carga de um robô grande.*

- **Operação de** *multishift* – *Em operações manuais que requerem segundas e terceiras trocas, a utilização de um robô proverá um serviço muito mais rápido. Ao invés de substituir somente um trabalhador, o robô substitui dois ou três trabalhadores.*
- **Trocas aleatórias** – *A maioria das operações de um grupo de trabalho requer uma troca física de lugar entre uma posição e outra. O tempo exigido para fazer a troca é improdutivo. Em uma aplicação de robô industrial, não só a organização física deve ser mudada, como também o robô deve ser reprogramado, aumentando, assim, o tempo de manutenção. Entretanto, tradicionalmente, tem sido mais fácil justificar o uso do robô para produção relativamente longa em que as trocas são aleatórias. Quando os procedimentos de programar robôs off-line (fora da operação) forem melhorados, será possível reduzir o tempo exigido para executar o procedimento. Isso permitirá produção mais curta e mais econômica.*
- **Posição e orientação são estabelecidas no local de trabalho** – *A maioria dos robôs em aplicações industriais não tem capacidade de visão. A capacidade para apanhar um objeto durante cada ciclo de trabalho depende de que o objeto esteja a uma orientação e posição conhecidas.*

Sabemos que o mundo dos robôs não se limita ao que expusemos; muitas outras tentativas de melhorar as capacidades dos robôs estão sendo efetuadas. Podemos extrapolar seus usos para diversas operações no sistema produtivo, aperfeiçoando os movimentos e requintando seus sistemas sensores a ponto de suprimirmos a grande maioria dos trabalhos mecânicos realizados por seres humanos.

Os robôs não estão limitados pelas características físicas humanas, podendo ser modelados da melhor forma para a realização de trabalhos. Eles não se cansam, mas não têm a capacidade de discernimento necessária em muitos sistemas produtivos. Têm sensores especializados, mas muito aquém da capacidade humana e, finalmente, devem ser considerados para servir às necessidades humanas como originariamente foi idealizado.

Síntese

Você pôde perceber com a leitura deste capítulo que a utilização da robótica é essencial em muitas atividades industriais. Ela proporciona a produtividade almejada com base em precisão e repetibilidade. Verificamos que os robôs não necessariamente têm a forma humana e isso traz vantagens ao engenheiro da produção, uma vez que ele poderá modelar as instalações em um formato mais econômico e produtivo. A existência de diversos tipos de robôs e suas aplicações demonstra a importância destinada a eles nos sistemas automatizados. Os robôs podem ser utilizados em um posto de trabalho específico ou integrados em um sistema maior, o que os torna muito atrativos às organizações.

Questões para revisão

1. Qual é a definição para robô industrial?

2. O que são *grippers*? Quais são os tipos encontrados?

Para as próximas questões, marque a resposta **correta**:

3. Qual dos sensores apresentados a seguir é utilizado para indicar a distância atual do objeto?

    a) Sensores táteis.

    b) Sensores de proximidade.

    c) Visão de máquina.

    d) Sensores ópticos.

4. Indique qual é o tipo do robô que desempenha a seguinte função, de acordo com Slack, Chambers, Johnston (2002, p. 256):

    "A peça é segura pelo robô, por exemplo, nos vários tipos de operações de trabalho em metal (corte, perfuração, raspagem), ligação de materiais (soldagem, colagem, rebitagem), tratamentos de superfícies (pinturas, revestimento de superfície, polimento) etc."

    a) Robôs de manuseio.

    b) Robôs de processo.

    c) Robôs de montagem.

    d) Robôs de armazenagem.

5. 5. Indique qual tipo de junta indicada a seguir se refere à descrição de Martins e Laugeni (2000, p. 373):

> "é um movimento deslizante linear, mas a contribuição e as ligações de produção são perpendiculares a um ou outro durante o movimento."

   a) Linear.
   b) Torcida.
   c) Ortogonal.
   d) Rotacional.

Questões para reflexão

1. Pesquise e identifique quais os usos para cada tipo de robô apresentado a seguir.

   a) Dentro da classificação de robôs móveis, temos:
   - os veículos móveis
     - terrestres/*indoor*
     - terrestres/*outdoor*
     - de exploração espacial
     - aquáticos/submarinos
     - aéreos/dirigíveis, aviões e helicópteros
   - os humanoides
   - os animats
     - robôs móveis telecomandados
     - robôs semiautônomos
     - robôs móveis autônomos

   b) Dentro da classificação de robôs manipuladores, temos:
   - braços robóticos de base fixa – manipuladores industriais
   - braços manipuladores embarcados
   - gruas robotizadas

Para saber mais

ROBOTICS ONLINE. Disponível em: <http://www.robotics.org/index.cfm>. Acesso em: 16 maio 2011.

Para conhecer um pouco mais sobre robótica, consulte o Robotics Online, um dos melhores *sites* para obtenção de novidades e informações sobre robótica. Lá você encontrará diversas matérias relativas à robótica. Trata-se de uma excelente fonte de pesquisa e leitura.

10 gestão da manutenção industrial

Conteúdos do capítulo:
- *Manutenção industrial, manutenibilidade, confiabilidade e disponibilidade;*
- *Organização da manutenção e suas responsabilidades;*
- *Avaliação do projeto de um sistema de manutenção;*
- *Políticas e vantagens da manutenção oferecidas à indústria.*

Após o estudo deste capítulo, você será capaz de:
- *reconhecer a evolução da manutenção industrial e sua aplicabilidade;*
- *compreender os conceitos de manutenibilidade, de confiabilidade e de disponibilidade;*
- *reconhecer as diversas formas de organização da manutenção;*
- *compreender as responsabilidades da manutenção e a necessidade da manutenção terceirizada;*
- *conceber o projeto de um sistema de manutenção;*
- *conhecer as vantagens e o planejamento do gerenciamento da manutenção;*
- *conhecer as políticas de manutenção.*

Neste capítulo consideraremos os efeitos da manutenção no sistema produtivo industrial, avaliando as formas de organização do setor industrial e suas responsabilidades, bem como apresentaremos um projeto de sistema de manutenção, com suas respectivas vantagens. Indicaremos alguns parâmetros de análise para um sistema de manutenção, além de conceituarmos e caracterizarmos os diversos tipos de manutenção, de acordo com o modo como são realizados.

10.1 Gestão da manutenção industrial

Nos capítulos antecedentes, foi possível observarmos a substituição da manufatura manual pela manufatura mecanizada e, sequencialmente, a implementação da manufatura automatizada pelas inovações tecnológicas.

Desde a Revolução Industrial, a máquina tem evoluído e, em decorrência disso, a manutenção industrial também evoluiu. Primeiramente, as indústrias somente se valiam da correção dos equipamentos quando eles deixavam de operar por quebras ou qualquer outro mau funcionamento.

Entretanto, as máquinas e os sistemas foram evoluindo e tornando-se maiores e mais complexos, causando dependência real de milhares de funcionários que operavam aquelas máquinas, que se tornaram quase que autossuficientes. Houve a criação e a utilização de robôs mas, ainda assim, essas máquinas necessitam de cuidados para não parar, quebrar ou ficar fora de operação.

O processo de correção de máquinas e equipamentos passou para a prevenção regular, baseada nas especificações dos fabricantes e em análises probabilísticas. Assim, os equipamentos podiam ter uma manutenção chamada de *preventiva*, realizada antes que houvesse uma quebra. Tal manutenção poderia ser antecipadamente realizada fora do horário de operação do sistema.

Apesar de todos os esforços da manutenção preventiva, essa ação não foi suficiente para atender as necessidades das indústrias; as manutenções deveriam ser mais ajustadas ao ponto ou tempo da falha, ou seja, deveriam ser realizadas quase no limite da utilização da máquina – dentro das necessidades da indústria –, com o objetivo de reduzir os custos com paradas e aumentar a utilização dos equipamentos.

Nos sistemas produtivos industriais, não só as máquinas e os equipamentos necessitam de manutenção, como também as instalações de ar comprimido, a gás, instalações elétricas, instalação contra incêndios e outras que devem ser realizadas de forma precisa e regular. São esses sistemas que suportam as operações da indústria. Muitas delas dependem de seus sistemas pneumáticos ou do controle da temperatura. As paredes necessitam de utilização de cor adequada; as instalações devem ser pintadas e mantidas nas cores apropriadas para ampliações ou adaptações; todos esses sistemas precisam de uma manutenção sistemática e periódica.

As máquinas evoluem, as técnicas de manutenção também devem evoluir para atender as novas necessidades. Assim, temos então a manutenção automática, que é realizada parcialmente por dispositivos eletrônicos pré-programados para realizá-la. Acrescenta-se a isso a capacidade dos operários para que o resultado seja a utilização total dos equipamentos e das instalações.

Para se obter o máximo da manutenção, devemos considerar alguns conceitos que serão estudados adiante, tais como a confiabilidade atribuída ao equipamento, a manutenibilidade e a disponibilidade. Tais conceitos, quando adequadamente combinados, irão traduzir a melhor relação custo-benefício da manutenção. O aumento na produtividade é outro fator preponderante na tomada de decisão. Não devemos esquecer que, quanto melhor o modelo desenvolvido para a manutenção, quanto mais evoluído e automatizado, maiores serão os seus custos em função da natureza da falha. Esta, nesse sistema, tem um custo muito alto; desse modo, ela não deverá acontecer fora dos limites de controle. Não podemos esquecer, também, que uma adequada manutenção reduz os custos do produto e aumenta a produtividade, trazendo para a organização um novo diferencial competitivo para se manter no mercado.

10.2 Conceitos básicos de manutenção

Manutenção é uma designação para indicar como as organizações podem tentar controlar e evitar as falhas decorrentes de operações produtivas e de instalações prediais. Em muitas empresas, as operações de manutenção são fundamentais para o funcionamento corrente da organização, mais especificamente daquelas que têm grande volume de equipamentos e instalações automatizadas.

No sentido de prevenção e recuperação de falhas ocorridas nos equipamentos e instalações, veremos alguns parâmetros necessários à sua compreensão e alguns conceitos utilizados a fim de desenvolver os eventos de manutenção.

10.2.1 Prevenção e recuperação de falhas

Para entendermos os conceitos a seguir, devemos avaliar qual o significado das falhas em um sistema e, de modo geral, temos de considerá-las no produto ou no equipamento em que podem ser aleatórias ou decorrentes do uso. É também normal esperarmos falhas, em algum instante, nos equipamentos (Martins; Laugeni, 2000, p. 361).

O Gráfico 10.1 se constitui em um gráfico típico do número de falhas em função do tempo. A curva descreve a probabilidade de falhas sob três etapas: a primeira corresponde às falhas de partida, que ocorrem quando iniciamos ou ligamos o equipamento ou produto pela primeira vez; a segunda refere-se às falhas aleatórias, que indicam que o equipamento ou produto apresenta o desempenho normal; e, finalmente, as falhas por desgaste, que indicam que o equipamento ou produto aproxima-se do final de sua vida útil.

Gráfico 10.1 – Comportamento de falhas durante o ciclo de vida

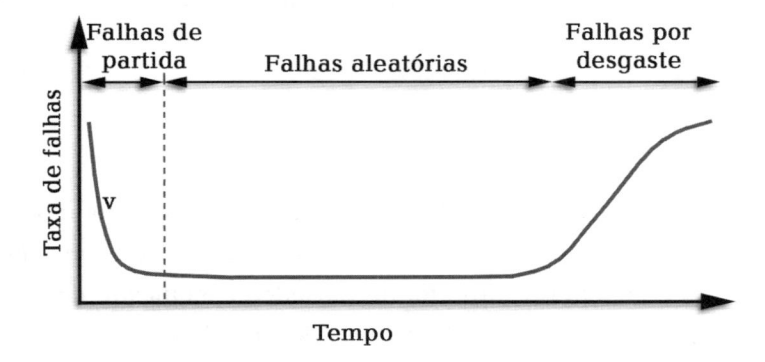

Fonte: Adaptado de Martins; Laugeni, 2000, p. 361.

Com isso, devemos entender perfeitamente o que causa as falhas no equipamento, produto ou sistema e, mediante esse entendimento, poderemos minimizar sua ocorrência e melhorar a confiabilidade e o desempenho. Estaremos, assim, preparados para lidar com qualquer situação quando elas não são previsíveis.

Segundo Slack, Chambers e Johnston (2002), devemos considerar três tarefas para a prevenção e recuperação de falhas:

- **Detecção e análise de falhas** – Consiste em descobrir o que está saindo errado, bem como a causa do problema. Uma das técnicas para a detecção de falhas na automação é a realização de diagnósticos nas máquinas antes de sua colocação em operação. A máquina passará por um processo (sequências de atividades) de testes para revelar quaisquer falhas. Para a realização da análise de falhas, pode-se ter: investigação de acidentes, melhoria na confiabilidade do produto por meio de sua rastreabilidade, análise de queixas, análise crítica de incidentes, análise do efeito e modo de falhas (*Failure Mode and Affect Analysis* – FMEA), análise de árvore de falhas, entre outros.

- **Melhoria na confiabilidade do sistema** – Tem o intuito de fazer com que o equipamento não dê mais problema. Algumas técnicas: eliminação de pontos de falhas potenciais no projeto, redundância na utilização de equipamento reserva, dispositivos para identificar falhas, tais como os chamados *poka-yoke* e manutenção.
- **Recuperação** – Deve-se efetuar a recuperação logo após a ocorrência do fato e não antes ou muito tempo após. Todos os tipos de operação podem se beneficiar de uma recuperação bem planejada. Esse planejamento de recuperação de falhas compreende a descoberta exata da natureza da falha, o planejamento de atuação na falha, o aprendizado oriundo da ocorrência e da atuação da falha, além da prevenção e do planejamento para que ela não ocorra novamente.

10.2.2 Conceito de confiabilidade

Devemos entender por *confiabilidade* a probabilidade de um produto (equipamento, circuito, máquina, peça, sistema, componente etc.), fabricado em conformidade com um dado projeto, operar durante um período especificado de tempo (o tempo de vida útil) sem apresentar falhas identificáveis. Levamos em consideração a manutenção efetuada, conforme as instruções do fabricante, assim como o fato de esse produto não ter sofrido tensões superiores àquelas estipuladas por limites indicados pelo fornecedor e não ter sido exposto a condições ambientais adversas em conformidade com os termos de fornecimento ou aquisição (Nepomuceno, 1989, p. 63).

A confiabilidade é um atributo inerente ao projeto do produto, representa a capacidade potencial de uso, que dificilmente será atingida em condições habituais, exceto quando fabricado conforme o projeto e mantido exatamente nas condições prescritas pelo fornecedor. Portanto, podemos considerar que a confiabilidade é relativa ao equipamento e sua investigação, em que há uma redução das necessidades de manutenção no esforço de evitar avarias.

Um elemento que representa o nível de confiabilidade é o chamado de *razão de falha* (*Failure Reason* – FR), representado pela probabilidade de que um sistema não responda adequadamente, ou seja, a quantidade de falhas que ocorrem quando em operação. Pode ser traduzido por:

$$(FR)_n = \frac{\text{número de falhas ocorridas}}{\text{número de horas da operação}}$$

Assim, podemos obter o chamado *tempo médio entre falhas* (TMEF), que é representado por:

$$TMEF = \frac{1}{(FR)}$$

10.2.3 Conceito de manutenibilidade

O conceito de manutenibilidade foi desenvolvido logo no início da Revolução Industrial, quando já havia preocupação de manter o bom uso do maquinário. A manutenibilidade iniciou-se como uma série de regras e linhas de ação, desenvolvidas em resposta às exigências dos mecânicos, que executavam a manutenção dos produtos que haviam sido projetados e fabricados (Nepomuceno, 1989, p. 65). Posteriormente, alguns teóricos introduziram conceitos e equações, visando à aplicação de técnicas de confiabilidade nesse novo campo. Normalmente, conceituamos a manutenibilidade como o constituinte de um produto projetado com determinada finalidade, que garante que o produto satisfaça as funções para as quais foi destinado, podendo ser sustentada durante a sua vida útil com o mínimo de custo e trabalho.

A manutenibilidade diz respeito à investigação das atividades de trabalho, ou seja, à realização eficiente do trabalho de manutenção do equipamento no esforço para consertar imediatamente a avaria.

Projetistas de máquinas e equipamentos com grande experiência no assunto desenvolveram algumas diretrizes com o objetivo de facilitar a manutenção do produto quando ele operasse por longo período de tempo, nem que tais diretrizes fossem baseadas exclusivamente em intuição.

10.2.4 Conceito de disponibilidade

A disponibilidade consiste na medida que indica a proporção do tempo total em relação ao tempo que o dispositivo está disponível ao cumprimento das funções para as quais foi destinado. Embora possamos fazer o cálculo de custo de manutenção avaliando o tempo médio entre os defeitos sucessivos e o tempo médio consumido para execução do reparo, utilizamos outro método de verificação. A disponibilidade permite executar tal avaliação por meio de um único número que apresenta grandes vantagens, principalmente no caso de um produto qualquer utilizado em grandes quantidades. É definida e calculada pela seguinte expressão:

$$D = \frac{\text{tempo disponível para utilização}}{\text{tempo disponível} + \text{tempo ocioso}}$$

Observe que o tempo disponível é aquele durante o qual a máquina, produto ou equipamento encontra-se apto a operar sem problemas e está disponível para cumprir as funções que lhe são destinadas. O tempo ocioso é o período durante o qual o dispositivo não apresenta condições de funcionamento, por estar sofrendo manutenção ou intervenção devido a uma operação inadequada.

Portanto, a disponibilidade indica a proporção do tempo total em relação ao tempo que o dispositivo está disponível ao cumprimento das funções para as quais foi destinado.

10.3 Organização da manutenção

Anteriormente, a manutenção era vista como um mal necessário às atividades da organização, já que as máquinas se desgastavam e quebravam. Dessa forma, o pessoal da manutenção era considerado somente para consertar o equipamento quebrado, ocupando sempre uma posição inferior na organização (normalmente abaixo do gerente de produção).

Entre os vários tipos de organização do setor de manutenção, existem basicamente duas:

- manutenção centralizada;
- manutenção descentralizada.

O grau de centralização ou descentralização depende do modelo de organização e dos produtos que ela necessita produzir, bem como do seu porte. Organizações muito grandes, com diversos locais de trabalho, necessitam de uma manutenção descentralizada. No entanto, há organizações em que o sistema produtivo gera um produto em um sistema contínuo de fornecimento, por exemplo, por meio de usina siderúrgica que, apesar de ter serviços diversos, necessita de um único centro de manutenção. Normalmente, a centralização é mais utilizada também em empresas de pequeno e médio porte, nas quais seus funcionários atendem às diversas necessidades de manutenção (Nepomuceno, 1989, p. 28).

10.4 Responsabilidades da manutenção

Na organização, existem muitas responsabilidades que devem ser cumpridas pelos setores de manutenção. Entretanto, para a manutenção do sistema produtivo, de acordo com Nepomuceno (1989, p. 31), temos as responsabilidades de:

- planejar em conjunto com a produção, visando estabelecer um programa coerente de manutenção e reparos;
- conservar toda a instalação em condições tão perfeitas quanto possível, com minimização dos custos;
- executar e controlar os reparos e consertos eventuais e emergenciais dentro do menor prazo possível;
- obedecer aos intervalos de conservação rotineira, como lubrificação, limpezas, ajustes etc., para que as interrupções na produção sejam mantidas no menor tempo possível;
- manter reuniões constantes com os encarregados da produção para diagnosticar os principais problemas e trocar informações com a produção;
- verificar o porquê de algumas máquinas ou equipamentos apresentarem índice elevado de interrupções, com o objetivo de eliminar as causas do aparecimento dos defeitos;
- auxiliar, sempre que possível, o Departamento de Produção no que diz respeito aos operadores das máquinas e equipamentos, com o intuito de instruí-los a manusear adequadamente os equipamentos que lhes são confiados;
- executar treinamentos, quando necessários, para o grupo de funcionários da produção para informá-los de quais procedimentos emergenciais podem ser utilizados.

10.5 Manutenção terceirizada

Muitos equipamentos e dispositivos industriais exigem alto investimento em pessoal e equipamentos para uma adequada manutenção. Independente do tamanho da instalação industrial, ela não comporta e não consegue manter máquinas, pessoal e dispositivos ocupados durante um tempo razoável, sendo alto o número de horas ociosas, o que causa forte impacto no custo dos produtos. Nesse caso, a instalação deverá contratar serviços externos, com intuito de que realizem serviços satisfatórios a um custo razoável, principalmente porque serão executados por equipes altamente especializadas, constituídas por pessoal habilitado, treinado e qualificado (Nepomuceno, 1989, p. 33).

É bastante comum a contratação de empresas externas em caso de execução de ensaios, testes não destrutivos e serviços especiais. Existem empresas e grupos que executam única e exclusivamente esses tipos de serviços e, raramente, uma instalação industrial apresenta porte a ponto de justificar o investimento em pessoal e instrumentos especiais para a execução de trabalhos que ocuparão tanto o pessoal quanto o equipamento.

As mesmas considerações valem para vários empreendimentos que prestam serviços ao parque industrial mediante contratos, sendo que existem firmas especializadas na conservação de caldeiras, turbinas, manutenção de equipamentos químicos e petroquímicos e que efetuam levantamento de níveis de ruído e vibrações, com o consequente projeto para atenuação de tais grandezas.

10.6 Projetando um sistema de manutenção

Ao projetarmos um sistema de manutenção, é preciso termos em mente que as alterações nos ambientes de trabalho ocorrem muito rápido e que o sistema deve adaptar-se com a mesma velocidade às novas exigências. Um sistema que seja eficiente e atenda às necessidades não pode ser de complexidade elevada, sob pena de não conseguir essa adequação e assim, deve ser simplificado ao máximo.

Um sistema de manutenção deve apresentar elementos de extrema confiabilidade (uma vez que recursos são escassos) e deve fazer parte de um todo no processo produtivo. Cada elemento, como máquinas, ferramentas, pessoal etc., deve ser especializado no sentido de atender com objetividade às necessidades de produção, fazendo parte integrante do todo.

A determinação dos objetivos do sistema de manutenção deve ser direcionada aos objetivos principais da empresa, ou seja, não deve ser considerada como um meio em si, mas como parte de todo o sistema.

Nos sistemas mais avançados, a manutenção depende das variações de tecnologia e processos empregados no sistema produtivo. Segundo Takahashi (1993, p. 155-156), no planejamento da manutenção são necessárias análises de itens como os apresentados a seguir:

- **Características do produto** – Matéria-prima, produtos semiacabados, características físicas, químicas e econômicas dos produtos acabados.
- **Modalidade de produção** – Processamento, fabricação e montagem, processamento contínuo, número de turnos.
- **Características do equipamento** – extensão da automação e modernidade do equipamento, velocidade da depreciação estrutural e funcional, grau de depreciação.
- **Condições geográficas** – condições do ambiente empresarial, extensão de concentração ou de dispersão.
- **Tamanho da fábrica** – Sistemas de abastecimento e fornecimento de energia e água.
- **Composição e formação dos recursos humanos** – Nível de conhecimento técnico, níveis de gerenciamento, relações humanas.
- **Extensão da subcontratação** – Facilidade ou dificuldade no uso da capacidade de subcontratação.

10.7 Vantagens da manutenção

Se um equipamento para de funcionar por desgaste em suas peças ou quando um sistema falha, ou ainda, aquece a ponto de comprometer o sistema produtivo, conseguimos ver as utilidades da manutenção; existem as vantagens diversas que justificam sua realização, tanto nas instalações, como nos equipamentos industriais. Essas vantagens, de acordo com Slack, Chambers e Johnston (2002, p. 635), são as seguintes:

- **Melhoria na confiabilidade** – Conduz a um menor tempo perdido, com reparos das instalações, menor interrupção das atividades normais de produção, menor variação da vazão de saída e níveis de serviço mais confiáveis; em resumo, o equipamento não quebra ou se desajusta com muita frequência.

- **Melhoria de segurança** – Instalações bem mantidas têm maior probabilidade de se comportar de forma previsível e padronizada, assim como apresentar menos riscos de falhas e de acidentes de trabalho. Por exemplo, ao realizar medições periódicas de funcionamento de um compressor, a tendência é que este não apresente problemas de pressão, pondo em risco o pessoal da fábrica.
- **Aumento na qualidade** – Equipamentos mal mantidos têm uma maior probabilidade de desempenho abaixo do padrão e poderão causar problemas de qualidade.
- **Redução dos custos de operação** – Elementos de tecnologia de processo são eficientes quando recebem manutenção regularmente.
- **Maior tempo de vida útil** – Cuidado regular, limpeza ou lubrificação prolongam a vida efetiva das instalações, reduzindo problemas de operação.
- **Valorização** – Instalações bem mantidas são geralmente mais fáceis de vender no mercado de segunda mão.

Para organizar um sistema de manutenção, devemos avaliar, além dos itens de manutenção, as melhorias nos sistemas e equipamentos.

10.8 Planejamento e gerenciamento da manutenção

Podemos planejar e gerenciar a manutenção industrial de acordo com alguns modelos utilizados pela maioria das empresas que resolvem estabelecer um plano de produção. Dentro desse processo de escolha, podemos considerar a manutenção de máquinas e equipamentos, bem como a manutenção das instalações e edifícios prediais. Ambas têm um impacto muito forte nas atividades da organização quando apresentam falhas e podem ser resumidas em: "correção, manutenção preventiva, manutenção preditiva, manutenção produtiva total, manutenção predial" (Slack; Chambers; Johnston, 2002, p. 636).

Com base em um dos modelos ou na combinação deles, de acordo com suas significações, podemos estabelecer planos e estratégias para a execução da manutenção da organização.

10.8.1 Correção

Também chamada de *manutenção emergencial*, a correção significa deixarmos os equipamentos, máquinas e instalações operarem até quebrarem para, depois, realizarmos somente o trabalho de correção da falha ocorrida. Existem muitas empresas que administram a manutenção dessa forma. Por recorrerem a serviços de terceirização, têm suas atividades dirigidas exclusivamente para a correção dos equipamentos, máquinas, produtos ou instalações da fábrica.

10.8.2 Manutenção preventiva

A manutenção preventiva visa eliminar ou reduzir as probabilidades de falhas por manutenção, por meio de atividades como: limpeza; lubrificação; substituição e verificação de equipamentos, peças e/ou máquinas; instalações em períodos predeterminados, normalmente de acordo com as instruções do fabricante por meio de manuais de operação e manutenção.

A manutenção preventiva tem algumas vantagens, tais como:

- aumento da vida útil dos equipamentos;
- redução de custos, mesmo que a curto prazo;
- diminuição das interrupções do fluxo produtivo;
- criação de uma mentalidade preventiva na empresa;
- programação em horários mais convenientes para a organização;
- melhoria na qualidade dos produtos por manter as condições operacionais dos equipamentos.

Podemos realizar a manutenção preventiva em um carro, por exemplo, após um número predeterminado de quilômetros percorridos e de acordo com o especificado pelo fabricante, como trocar o óleo e outros elementos, quando vencida a data da ocorrência. O gráfico a seguir descreve o modelo de custos da manutenção preventiva e a abordagem utilizada.

Gráfico 10.2 – Custos associados à manutenção preventiva

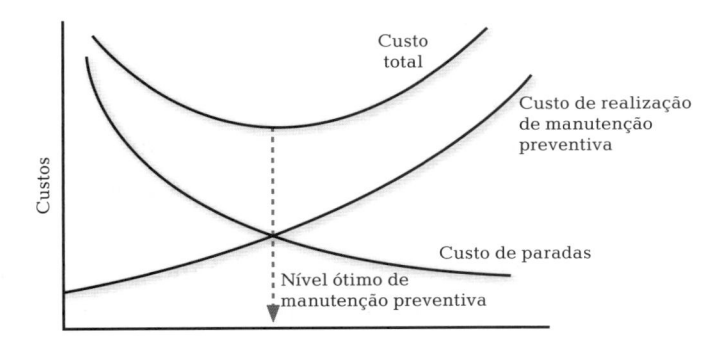

Fonte: Adaptado de Slack; Chambers; Johnston, 2002, p. 638.

Podemos observar que existe um nível ótimo para a realização da manutenção preventiva, no qual equilibramos os custos da realização da manutenção com o custo das paradas. A intersecção indica o menor custo total.

10.8.3 Manutenção preditiva

A manutenção preditiva objetiva realizar a manutenção somente quando as instalações necessitarem dela. Monitora certos parâmetros de equipamentos por meio de dispositivos que permitem o estabelecimento do momento certo para a realização da manutenção (Slack; Chambers; Johnston, 2002, p. 636).

Os dispositivos podem monitorar a vibração do mancal (peça cilíndrica central) do motor e avaliar o desgaste, solicitando a manutenção para a sua troca ou ajuste, evitando, assim, a quebra ou a manutenção preventiva. Dispositivos podem monitorar a espessura do corte da guilhotina, avaliando o seu desgaste para a troca no momento certo.

10.8.4 Manutenção produtiva total

A manutenção produtiva total é mais do que uma forma de fazer manutenção, é uma filosofia gerencial que é realizada por todos os empregados da organização no trato dos problemas e no processo produtivo. Esse tipo de manutenção visa estabelecer estrategicamente a criação de equipamentos com o maior rendimento global; instalar uma manutenção que leve em conta todo o tempo de vida do equipamento; promover a motivação por meio de pequenos grupos independentes; considerar o planejamento, a utilização e a manutenção do equipamento, contando com a participação de todos, desde o chão de fábrica aos altos executivos.

Segundo Slack, Chambers e Johnston (2002, p. 636), a manutenção produtiva total deve almejar metas para que seja efetivada:

- melhorar a eficácia dos equipamentos;
- examinar e melhorar o desempenho dos equipamentos, controlando perdas por tempo parado ou por velocidades inferiores às possíveis;
- realizar a manutenção autônoma;
- atribuir ao pessoal da operação a realização de algumas tarefas de manutenção, pequenas tarefas necessárias que podem ser bem gerenciadas por eles;
- planejar a manutenção;

- elaborar planos detalhados de prevenção relativos ao equipamento ou sistema nos quais constem as responsabilidades e operações, realizadas pelos elementos da operação e do pessoal de manutenção;
- treinar todo o pessoal em habilidades de manutenção;
- conseguir gerir os equipamentos logo no início;
- estabelecer e compreender já no projeto possíveis causas de falhas e as considerações sobre a manutenibilidade dos equipamentos na tentativa de eliminá-las.

10.8.5 Manutenção predial

Alguns itens de manutenção industrial são fundamentais para o processo produtivo, inclusive para a automação. Por exemplo, os *Automated Guide Vehicle Systems* (AGVS) dependem da regularidade do piso da fábrica para a seu desempenho; os equipamentos móveis, como empilhadeiras e carros de transporte, dependem dessa regularidade para a redução de quebras e reparos ocasionados por trincas, buracos, que causam atrasos na produção e geram a possibilidade de acidentes.

Assim, podemos citar alguns itens que necessitam de uma adequada manutenção para a constância na produtividade da fábrica e a eliminação de falhas e desperdícios. São casos de portas e janelas, que permitem o tráfego, a ventilação e a insolação do ambiente ou sua utilização em condições controladas; as instalações convencionais de água, compreendendo tubulações, registros, caixa-d'água e acessórios que devem ser mantidos a fim de não permitirem a contaminação e a descontinuidade no fornecimento; as instalações de luz e força que proveem energia elétrica por toda a fábrica para a alimentação das máquinas e equipamentos da produção; os equipamentos de comunicações, como linhas telefônicas, sistemas computadorizados, a própria manufatura integrada por computador (*Computer Integrated Manufacturing – CIM*), entre outros.

Todos os elementos citados necessitam de manutenção regular e muitos deles têm manuais que são fornecidos pelo construtor como parte integrante das especificações construtivas da instalação predial para manutenção.

10.9 Políticas de manutenção

As organizações podem adotar qualquer um dos modelos de manutenção citados anteriormente – correções, manutenções, preventivas, preditivas, a manutenção produtiva total – e para algumas delas podem ser adotadas políticas específicas de manutenção. Entre essas políticas de manutenção podemos considerar as seguintes, conforme indicam Martins e Laugeni (2000, p. 239):

- **Redundância de equipamentos** – *É a utilização de reserva de equipamentos para aqueles considerados críticos no sistema produtivo.*
- **Treinamento de operadores** – *O treinamento de operadores preconizado na manutenção produtiva total para a realização de pequenas e específicas manutenções nos equipamentos.*
- **Equipamentos em maior número** – *A subutilização de equipamentos, aumento do seu número no processo produtivo.*
- **Projeto robusto** – *Trabalhar com equipamentos capazes de suportar sobrecargas de trabalho com um mínimo esforço.*
- **Grandes equipes de manutenção** – *Trabalhar com equipes grandes de manutenção para poder atender a ocorrências simultâneas.*
- **Manutenibilidade** – *Deve considerar a compra de equipamentos que se caracterizem pela facilidade de manutenção*

O gestor deve sempre equilibrar os benefícios de cada forma de manutenção aos interesses de sua organização. A implementação da manutenção produtiva total pode se mostrar muito onerosa para a organização em detrimento da manutenção preventiva baseada em controles predeterminados.

Síntese

A manutenção para a automação é essencial. Os sistemas não podem parar por um problema não previsto e que comprometa o desempenho da organização. Assim, a manutenção ocupa grande parte da organização nos projetos em que são utilizados equipamentos automatizados. Os conceitos de manutenibilidade, disponibilidade e confiabilidade traduzem parâmetros que, para serem atingidos dentro de valores aceitáveis, implicam compreensão de como se organiza um departamento de manutenção, de suas responsabilidades e das estratégias a serem utilizadas. Devemos lembrar também que existem outros sistemas além daqueles automatizados nas organizações, como instalações, mobiliários e imóveis que devem ser adequadamente tratados para que os ganhos obtidos em uma área não sejam perdidos em outra.

Questões para revisão

1. Quais são os tipos de manutenção utilizados pelas organizações?

2. O que é *manutenção automática*? Como esse conceito é traduzido na prática?

Para as próximas questões, marque a resposta **correta**:

3. Ao projetarmos um sistema de manutenção, devemos realizar análises de diversos itens. Identifique nos itens a seguir aquele que não integra o conjunto a ser analisado:

    a) Características do produto.

    b) Características do equipamento.

    c) Características da armazenagem.

    d) Modalidade de produção.

4. Considerando as equações que traduzem a confiabilidade, calcule o tempo médio entre as falhas de um sistema que operou durante 200 horas e que, dentro desse período, apresentou 10 falhas.

    a) 0,05

    b) 5

    c) 10

    d) 20

5. Qual das opções indicadas a seguir demonstra operações que não são de responsabilidade do pessoal da manutenção da organização?

    a) Executar e controlar os reparos e consertos eventuais e emergenciais dentro do menor prazo possível.

    b) Execução de ensaios, testes não destrutivos e serviços especiais.

    c) Manter reuniões constantes com os encarregados da produção para diagnosticar os principais problemas e trocar informações com a produção.

    d) Executar treinamentos, quando necessários, aos funcionários da produção para informar quais procedimentos emergenciais podem ser utilizados.

Questões para reflexão

1. Existem outros tipos de manutenção além daqueles que citamos no texto. Pesquise quais são eles e exemplifique-os.

2. Pesquise sobre os tipos de manutenção citados a seguir:
   - manutenção corretiva não planejada;
   - manutenção detectiva;
   - engenharia de manutenção.

Para saber mais

ABNT – Associação Brasileira de Normas Técnicas. **NBR 5462**: confiabilidade e mantenabilidade. Rio de Janeiro, 1994.

Consulte a norma ABNT NBR 5462:1994 para ficar por dentro da terminologia adotada em manutenção e, ainda, verifique como são determinadas as medidas de disponibilidade, as medidas de confiabilidade e medidas de manutenibilidade, dentre outras, que servem para medirmos o desempenho dos sistemas.

[estudos de caso]

1. Transformação rápida – embalando produtos de coloração de cabelos*

A L'Oréal Canada precisava criar, em Montreal, uma linha de embalagens para produtos de coloração de cabelos – rapidamente. O destaque da solução adotada foi um pequeno robô, novo em folha.

A indústria internacional de cosméticos é um negócio competitivo e de ritmo rápido. Quando a demanda dos salões de beleza de toda a Europa pelo L'Oréal INOA – a primeira tintura permanente sem amônia do mundo – atingiu a estratosfera em 2009, a gigante francesa dos cosméticos fez imediatamente planos para alavancar a produção.

Na época, sua fábrica em Montreal tinha duas células de produção que manufaturavam cerca de 150 milhões de unidades de líquidos e cremes colorizantes por ano. Era necessário que aquelas instalações passassem a produzir uma quantidade maior de INOA em apenas quatro meses.

"Foi um grande desafio," lembra-se Guy Fafard, o supervisor técnico da fábrica. "Quando discutimos a questão com nosso gerente de produção, ele disse que não havia como ele projetar e instalar uma nova linha de produção em tão pouco tempo. Disse que era simplesmente impossível. Mas nós tínhamos de descobrir como fazer aquilo acontecer."

Fafard se dirigiu à PharmaCos Machinery, uma empresa renomada por suas soluções para equipamentos de embalagens de cosméticos e produtos farmacêuticos, que frequentemente cria para a L'Oréal Canada projetos de produção personalizados e necessários "para ontem". De um dia para o outro, o diretor de desenvolvimento tecnológico da empresa, Sylvain Gauthier, já circulava com Fafard pela fábrica atarefada a fim de ter uma primeira impressão para o projeto.

* Tradução de Arthur Tertuliano.

"Era um pedido complicado," informou Gauthier, que trabalhou como técnico na fábrica da L'Oréal Canada durante dez anos, antes de se juntar à PharmaCos há uma década.

O problema

Além do prazo curto e do uso de máquinas de enchimento à prova de explosões (isso porque o INOA contém uma pequena quantidade de álcool no lugar da amônia), a nova linha de produção deveria ser capaz de apanhar os tubos, colocá-los em bandejas e introduzi-los (junto com a folha de instruções) em embalagens prontas para serem despachadas.

De acordo com Gauthier, o processo de cartonagem* normalmente seria manual. Contudo, era crucial que a nova linha estivesse em constante movimento, pois uma parada levaria o enchedor pressurizado a estourar o primeiro tubo (devido à pressão do reservatório). Ele também devia respeitar o lema da fábrica, de ter apenas um operador em linhas como as do projeto INOA

A solução

"Minha única opção", Gauthier relembra, "era projetar e construir um novo transportador a partir de uma bandeja de centro a centro de 29mm e um pequeno robô."

Gauthier decidiu utilizar um dos robôs ABB que sua empresa tinha em estoque. Inicialmente, planejou ir de IRB 140, o qual tinha capacidade para 5kg. Porém, ao falar com o contador-geral do setor de robótica da ABB Canada, Pierre Lavaliée, Gauthier descobriu que a ABB estava em processo de revelar um novo robô, ainda menor: o IRB 120.

"Pierre disse-me que tinha um protótipo em Toronto que poderia me emprestar imediatamente para que começássemos o nosso projeto", informou Gauthier. "Três semanas depois, o robô estava em nossa fábrica. Nós tivemos de montá-lo, encaixá-lo na linha e ajustá-lo," disse Gauthier. "Mas, quando ele começou a trabalhar, funcionou como se fosse mágica."

Projetado para operar lentamente por causa do enchedor de tubos, o novo sistema da L'Oréal Canada começou a produção em abril de 2010, quase quatro meses após o pedido de sua construção. Notavelmente, o protótipo do IRB 120 operou durante seis meses, antes de ser substituído por um novo modelo.

"Foi uma realização incrível," disse Fafard, que desde então já supervisionou o projeto e o desenvolvimento de um segundo sistema, de alta velocidade (novamente, com a colaboração da PharmaCos), que começou a produção para atender

*O processo de cartonagem consiste na fabricação de produtos e principalmente embalagens, a partir de laminados de papel (papelão ondulado, micro ondulado etc...) e de plástico, que são submetidos a corte ou vinco em facas específicas.

à crescente demanda europeia por produtos INOA para cabelos. "Isso demonstra o quão importante é para uma empresa, em um ramo de ritmo tão rápido quanto o dos cosméticos, desenvolver um relacionamento com fornecedores que possam responder rapidamente às nossas necessidades."

Fonte: Cardwell, 2011.

2. Sistema robótico de paletização de sacos aumenta a produtividade da Forbes Chocolate*

A Forbes Chocolate é fornecedora de misturas (*blends*) de cacau com especiarias, utilizadas na indústria de alimentos. Seus *blends* são utilizados em produtos tais como leite, sorvete, sorvete italiano, *frozen yogurt* e os produtos de panificadoras. Situada em Cleveland, Ohio, a Forbes Chocolate é uma empresa única, com um longo histórico. A companhia foi fundada em 1901 e é parte da família Geringer há 58 anos.

Enquanto mantinha o clima de uma empresa de família, a Forbes se adaptou às várias atividades para as quais serviu. Como parte desse processo em andamento, eles recentemente adquiriram um sistema de paletização de sacos da FANUC Robotics.

Requisitos do sistema e seus desafios

Nas instalações da Forbes havia um espaço limitado para a automatização da paletização. O sistema robótico de paletização precisava caber em uma área restringida pelos equipamentos pré-existentes e devia permitir o acesso aos corredores adjacentes. Os operadores da Forbes também precisavam ter acesso fácil aos outros equipamentos em volta do sistema robótico a fim de manter a normalidade da operação.

O sistema de paletização devia ser capaz de manejar quatro tamanhos e estilos diferentes de sacos e de se ajustar às diferenças de dimensões e solidez deles. As características dos sacos variam de acordo com a densidade dos *blends* da Forbes utilizados e dos volumes de preenchimento exigidos. O programa do robô devia ser flexível para ajustar facilmente as posições de paletização às variações dos sacos.

O sistema devia ser capaz de paletizar o produto em dois tamanhos diferentes de paletas e em unidades com capacidades de carga distintas. O tipo de palete e

* Tradução de Arthur Tertuliano.

a carga máxima seriam especificados de acordo com as exigências dos clientes da Forbes Chocolate.

Enquanto os indicadores exigidos estavam bem com a capacidade dos robôs de paletização FANUC Robotics de manejar 25 sacos por minuto, tais requisitos deveriam ser avaliados em detalhes durante a proposta de desenvolvimento devido aos desafios técnicos.

Para ir ao encontro desses desafios, a FANUC Robotics providenciou uma demonstração do sistema para a Forbes antes de finalizar a proposta do sistema. A demonstração corroborou o conceito do sistema de paletização proposto, bem como o atendimento de todos os seus requisitos. Uma vez que os desafios de funcionamento foram superados, a FANUC Robotics trabalhou com a Forbes no desenvolvimento de diversas versões do conceito do sistema, a fim de encontrar uma configuração que atendesse a todos os requisitos do processo e que causasse a menor perturbação possível ao processo já existente.

Componentes do sistema

[...]

O M-410iB é um robô de alta velocidade com quatro eixos projetado especificamente para ser usado em paletização. A versão com capacidade par 160 kg foi a escolhida para o processo da Forbes.

[...]

O operador utiliza o painel de interface para sinalizar ao robô quando um palete estiver a postos e quando os componentes periféricos estiverem prontos para operação automática.

[...]

Desempenho e operação do sistema

De acordo com o pedido específico do cliente, o operador da Forbes usa o software da FANUC Robotics iPendant and Pallet Tool para selecionar o modelo de palete, o tipo/tamanho do saco e o número de camadas que passarão pela paletização.

O operador posiciona o palete vazio apropriado para carregamento e o cobre com papelão. Uma vez preparado o palete, o operador aperta um botão no painel de interface para indicar que aquele está pronto para ser carregado pelo robô. O M-410i, que usa a tecnologia do R-J3iB Controller, envia o sinal para que o palete seja transferido para onde ele é firmado para assegurar um posicionamento consistente durante o processo de paletização.

Após passar por uma operação de rotulação, os sacos preenchidos passam a ser transferidos pelo robô para o palete. O robô, que depende do operador por meio do iPendant, continua a operação de paletização até que o carregamento daquela unidade seja completado.

[...]

Benefícios do sistema

Os principais objetivos do sistema robótico de paletização eram desobrigar os empregados do levantamento de peso e aumentar a produção, ao mesmo tempo – objetivos que foram alcançados. Os operadores da Forbes que antes trabalhavam na paletização de produtos agora atuam em processos com mais valor agregado.

Os operadores da Forbes dominaram o sistema robótico de paletização e, em um período curto de tempo, a eficiência total da linha de carregamento aumentou. Houve dias em que o volume de produção já ultrapassou o do processo manual de antes.

Além disso, o eficaz sistema robótico, que consegue estocar produtor em pilhas muito mais altas do que as da paletização manual, auxiliou a Forbes a aumentar a capacidade de seus depósitos e a diminuir o manejamento dos paletes e o uso das empilhadeiras.

A Forbes Chocolate sempre teve a reputação de ser uma empresa que dá ênfase à satisfação do cliente, à atenção aos detalhes e à flexibilidade em se adaptar às necessidades dos clientes.

"A Forbes é uma empresa que continua a fazer negócios de modo a apoiar o lema 'Qualidade em primeiro lugar'", disse Keith Geringer, vice presidente da Forbes. "O sistema robótico nos ajudou a aumentar a produtividade, o que significa que nos tornamos mais flexíveis e correspondemos mais às necessidades de nossos clientes. Uma situação em que todos só têm a ganhar."

Fonte: Fanuc Robotics America Corporation, 2004.

[para concluir...]

De forma geral, os conteúdos que apresentamos neste livro traduzem uma abordagem gerencial que facilitará o desempenho das tarefas do administrador, o qual deverá sempre avaliar estrategicamente as operações do dia a dia da empresa.

O administrador deve considerar, também, as diversas demandas inerentes ao processo de produção e automatizar, sempre em partes, aquelas que podem trazer para a organização os maiores ganhos possíveis. Esses ganhos são traduzidos por uma produtividade com melhor qualidade, sem esquecermos os custos envolvidos no processo.

O administrador deve considerar o valor dos investimentos, que normalmente são altos em relação à aquisição de tecnologias, equipamentos e treinamentos de funcionários. A automação em partes facilita a busca de recursos e melhora a implementação dos serviços e equipamentos.

Não devemos esquecer que a automação não é sinônimo de qualidade e a qualidade na automação deve ser obtida por meio de sistemas de controle que permitam a verificação das especificações.

Os trabalhos deverão ser elaborados por gestores e realizados por pessoal devidamente qualificado. A qualificação desses gestores é a ferramenta mais importante para uma automação bem-sucedida. Não esqueçamos que, quanto maior o grau de automação de uma organização, maior a necessidade de conhecimento dos gestores, que sempre devem aperfeiçoar-se para vencer os desafios da automação da produção.

[lista de ilustrações]

Figura 1.1 – Comparativo entre os três tipos de produção | 20

Figura 1.2 – Entradas e saídas do modelo de transformação para produção | 24

Figura 1.3 – *Layout* por processo | 27

Figura 1.4 – *Layout* por produto | 28

Figura 1.5 – *Layout* por posição fixa | 29

Figura 1.6 – *Layout* celular | 30

Figura 2.1 – Comportamento da demanda média | 42

Figura 2.2 – Comportamento da demanda com tendência linear | 42

Figura 2.3 – Comportamento da demanda sazonal ou cíclica | 43

Figura 2.4 – Comportamento da demanda não linear | 44

Figura 3.1 – Fluxo de caixa de investimento | 72

Figura 3.2 – Combinação de folhas de verificação, histograma e distribuição | 78

Figura 3.3 – Representação do gráfico de controle | 79

Figura 4.1 – Tipos de automação (volume *versus* variedade de produtos) | 88

Figura 5.1 – Modelo de transformação básico | 99

Figura 6.1 – Acessórios de máquina | 108

Figura 6.2 – Modelos de máquinas de controle numérico | 109

Figura 6.3 – Robôs industriais | 110

Figura 6.4 – Veículos guiados automaticamente | 111

Figura 6.5 – Sistemas automatizados de armazenamento e recuperação | 115

Figura 6.6 – Sistema flexível de manufatura | 116

Figura 6.7 – Relacionamento entre elementos do sistema Scada | 121

Figura 6.8 – Abordagem produtor/consumidor | 123

Figura 6.9 – Diferenças entre os sistemas *Fieldbus* e 4-20 mA | 124

Figura 7.1 – Esteira rolante | 133

Figura 7.2 – Exemplificação de código de barras padrão EAN | 134

Figura 7.3 – Etiqueta eletrônica | 135

Figura 8.1 – Fluxo das variáveis de entrada e resultado | 141

Figura 8.2 – Características de um controle automático | 142

Figura 8.3 – Sentido de fluxo em uma cadeia de comando | 142

Figura 8.4 – Estabelecimento de faixa de segurança | 144

Figura 8.5 – Controlador Lógico Programável | 150

Figura 8.6 – Sensores indutivos | 155

Figura 8.7 – Sensores magnéticos | 156

Figura 8.8 – Sensores ultrassônicos | 157

Figura 8.9 – *Encoders* | 157

Figura 8.10 – Exemplos de IHM | 158

Figura 9.1 – Robô com seis movimentos padrões | 165

Gráfico 10.1 – Comportamento de falhas durante o ciclo de vida | 179

Gráfico 10.2 – Custos associados à manutenção preventiva | 187

Quadro 1.1 – Dez estratégias de automação | 34

Quadro 2.1 – Horizonte de previsão *versus* intervalo de tempo | 46

Quadro 8.1 – Diferenciação pelo processamento de sinais | 146

Quadro 8.2 – Comparação dos meios de trabalho | 147

Tabela 2.1 – Definição dos coeficientes de sazonalidade | 52

Tabela 2.2 – Comportamento da demanda | 54

Tabela 2.3 – Modelo comparativo dos cálculos de erros | 56

Tabela 6.1 – Evolução das tecnologias no mercado de instrumentação | 118

[referências]

AMBROZEWICZ, P. H. L. **Conceitos e ferramentas**. Curitiba: Ed. do Senai, 2003.

AMERICAN SOCIETY FOR QUALITY. **Quality**. Disponível em: <http://www.asq.org/glossary/q.html>. Acesso em: 27 dez. 2005.

BELLIS, M. **The History of Computers**. Disponível em: <http://inventors.about.com/library/blcoindex.htm>. Acesso em: 22 dez. 2005a.

_____. **The Hhistory of the Univac Computer**: John Mauchly and John Presper Eckert. Disponível em: <http://inventors.about.com/library/weekly/aa062398.htm>. Acesso em: 22 dez. 2005b.

BRASIL. Decreto-Lei 2.283, de 27 de fevereiro de 1986. **Diário Oficial da União**, Poder Executivo, Brasília, DF, 28 fev. 1986. Disponível em: <http://www.planalto.gov.br/ccivil/decreto-lei/Del2283.htm>. Acesso em: 25 maio 2011.

BRASIL. Decreto-Lei n. 2.284, de 10 de março de 1986. **Diário Oficial da União**, Poder Executivo, Brasília, DF, 11 mar. 1986. Disponível em: <http://www.planalto.gov.br/ccivil/decreto-lei/Del2284.htm>. Acesso em: 25 maio 2011.

BUREAU OF LABOR STATISTICS. Disponível em: <http://stats.bls.gov/mfp/home.htm>. Acesso em: 23 ago. 2004.

CARDWELL, M. **Quick Makeover**: Packaging Hair Color Products. Apr. 2011. Disponível em: <http://robotics.org/content-detail.cfm/Industrial-Robotics-Case-Studies/Quick-Makeover---Packaging-Hair-Color-Products/content_id/2724>. Acesso em: 10 ago. 2011.

CLARKE, R. **Asimov's Laws of Robotics**: Implications for Information Technology. Disponível em: <http://www.rogerclarke.com/SOS/Asimov.html>. Acesso em: 16 dez. 2005.

DRUCKER, P. F. **Managing for Results**: Economic Tasks and Risk – Taking Decisions. New York: Harper & Row, 1964.

_____. **The Effective Executive**. New York: Harper & Row, 1967.

FANUC ROBOTICS AMERICA CORPORATION. **Robotic Bag Pallentizing System Helps Forbes Chocolate Productivity**. Sep. 2004. Disponível em: <http://www.robotics.org/content-detail.cfm/Industrial-Robotics-News/Robotic-Bag-Palletizing-System-Helps-Forbes-Chocolate-Productivity/content_id/287>. Acesso em: 10 ago. 2011.

FERREIRA, A. B. H. **Novo dicionário da língua portuguesa**. São Paulo: Nova Fronteira, 1985.

GAITHER, N.; FRAZIER, G. **Administração da produção e operações**. São Paulo: Pioneira, 2001.

GITMAN, L. J. **Princípios de administração financeira**. 7. ed. São Paulo: Harbra, 1997.

GROOVER, M. P. **Automation, Production Systems and Computer-Integrated Manufacturing**. New Jersey: Prentice Hall, 1987.

IEC – International Electrotechnical Commission. **Digital Data Communications for Measurement and Control**: Fieldbus for Use in Industrial Control System. 10. ed. Geneva: IEC, 2003.

ISHIKAWA, K. **Controle de qualidade total**: à maneira japonesa. Rio de Janeiro: Campus, 1997.

KAIZEN INSTITUTE. Disponível em: <http://www.kaizen-institute.com/kzn-a.htm>. Acesso em: 27 dez. 2005.

LUGLI, A. B.; SANTOS, M. M. D. **Redes industriais para automação industrial**: AS-I, Profibus, Profinet. São Paulo: Érica, 2010.

_____. **Sistemas Fieldbus**: Devicenet, Canopen, SDS e Ethernet. São Paulo: Érica, 2009.

MARTINS, P. G.; LAUGENI, F. P. Layout. In: _____. **Administração da produção**. São Paulo: Saraiva, 2000.

MEIXNER, H.; SAUER, E. **Introdução a sistemas eletropneumáticos**. São Paulo: Festo Didactic, 1996.

NATALE, F. **Automação industrial**. 4. ed. São Paulo: Érica, 2000.

NEPOMUCENO, L. X. **Técnicas de manutenção preditiva**. São Paulo: E. Blücher, 1989. v. 1.

OLIVEIRA, A. J. **Fundamentos de automação industrial**. São Paulo: Ed. do Senai, 2004.

PALADINI, E. P. **Avaliação estratégica da qualidade**. São Paulo: Atlas, 2002.

_____. **Gestão da qualidade**: teoria e prática. 2. ed. São Paulo: Atlas, 2004.

REHG, J. A.; KRAEBBER, H. W. **Computer**: Integrated Manufacturing. 2. ed. São Paulo: Prentice Hall, 2001.

REHG, J. A.; SWAIN, W. H.; YANGULA, B. P. Fieldbus in the Process Control Laboratory: Its Time Has Come. In: FRONTIERS IN EDUCATION CONFERENCE, 29., 1999, Puerto Rico. **Proceedings**... Disponível em: <http://citeseerx.ist.psu.edu/viewdoc/download?doi=10.1.1.18.9825&rep=rep1&type=pdf>. Acesso em: 25 maio 2011.

RITZMAN L. P.; KRAJEWSKI, L. J. **Administração da produção e operações**. São Paulo: Prentice Hall, 2004.

ROBOTIC INSTITUTE OF AMERICA. **Robot Terms and Definitions**. Disponível em: <http://www.robotics.org/product-catalog-detail.cfm?productid=2953>. Acesso em: 25 maio 2011.

ROSS, S. A. et al. **Administração financeira**. São Paulo: Atlas, 1995.

SCOTT, A. V.; BUCHANAN, W. J. Truly Distributed Control Systems Using Fieldbus Technology. In: ENGINEERING OF COMPUTER BASED SYSTEMS, 7., 2000, Edinburg. **Proceedings**... Edinburg, 2000. Disponível em: <http://www.iidi.napier.ac.uk/c/publications/publicationid/289477>. Acesso em: 25 maio 2011.

SLACK, N.; CHAMBERS, S.; JOHNSTON, R. **Administração da produção**. São Paulo: Atlas, 2002.

SUZAIMI, N. **Foundation Fieldbus**: Fieldbus Basic. 2010. Disponível em: <http://www.fieldbus.org/images/stories/international/asiapacific/malaysia/presentation/2010-10%20Event%20KL/1_fieldbus_basics.pdf>. Acesso em: 25 maio 2011.

TAKAHASHI, Y. **TPM/MPT**: manutenção produtiva total. São Paulo: Ed. do Iman, 1993.

[respostas]

Capítulo 1

1. O computador (*software* + *hardware*) é considerado o alicerce da automação, tendo em vista que os programas (*softwares*) utilizados para realizar a automação de um processo necessitam de procedimentos-padrão e de uma linguagem clara e precisa. Essa linguagem tem como base os sistemas de computação, mais especificamente, neste caso, a utilização do computador, os processos, as pessoas, as informações e os sistemas eletromecânicos.

2. A produção *job shop* é utilizada para a produção de pequenos lotes de produtos específicos para clientes; entretanto, a característica mais marcante nesse processo e que o diferencia da produção por projetos é que existe um padrão para a produção do lote, por exemplo, lote de peças de um determinado diâmetro. No caso da produção por projetos, o diferencial é a grande qualidade obtida por um produto único, praticamente feito à mão (artesanal). Em relação ao arranjo físico, a produção *job shop* se situará em um local com espaço para que seja executada a série de produtos, enquanto na produção por projetos o local de produção se caracteriza como único, como ocorre em grandes empresas, em residências e outros.

3. d

4. b

5. c

Capítulo 2

1. Dos elementos apresentados, aqueles que devem ser considerados para um horizonte de longo prazo são o projeto e a construção de fábricas e a instalação de novas linhas de produto. Esses itens demandam alguns anos para a sua implementação, com a obtenção de recursos, as análises de mercado, a escolha de equipamentos, entre outros.

2. O modelo de previsão que mais se ajusta às fases de introdução e de declínio deve ser aquele que permita o incremento da produção de tal forma a acompanhar a crescente produção (introdução) ou a rápida perda de mercado (declínio). Assim, poderíamos considerar as curvas geradas por meio do método da regressão, muito utilizado em previsões de longo prazo. Para um período esperado de curto prazo, poderemos utilizar o método da exponencial móvel, com o qual realizaríamos ajustes em pequenos períodos para o atendimento da demanda.

3. a

4. b

5. d

Capítulo 3

1. O conceitos fundamentais são tempo de ciclo total, altas taxas de produção e alta produtividade, disponibilidade e utilização. O tempo de ciclo total considera o tempo necessário à produção e entrega para o cliente. Nesse caso, quanto menor for o tempo entre o pedido e a entrega, melhor para o cliente e para a organização. Altas taxas de produção e produtividade refletem na capacidade produtiva da organização e em seus custos – quanto maior a produtividade, menores serão os custos e maior o mercado abrangido com um preço mais baixo. Finalmente, a disponibilidade e a utilização dos sistemas automáticos indicam a capacidade de retorno dos investimentos realizados pela organização na automação; menor disponibilidade de equipamento e maior utilização são os resultados almejados pelos gestores.

2. O ABC é um acrônimo que em português significa "custeio baseado na atividade". O ABC é, portanto, um método de custeio com o qual o gestor pode direcionar os gastos realizados no sistema. Isso é fundamental na automação, uma vez que os investimentos geram custos e o retorno deve ser visível a todos.

3. c

4. d

5. b

Capítulo 4

1. Muitas atividades no processo de transformação das organizações são realizadas em condições prejudiciais à saúde humana. A automação, nesses casos, deve ser buscada incessantemente. Atividades como pintura (com tintas tóxicas), soldas em metais e até mesmo em plásticos e operações em locais insalubres justificam a necessidade da automação.

2. Os sistemas automatizados não operam em sua plena capacidade desde o *start* (início). Apesar de realizarmos um cuidadoso projeto, é na sua integração que se apresentam as maiores dificuldades. Diversos equipamentos e considerações de produtividade são de desempenho duvidoso e necessitam ser colocados em prática para ajustes, não sendo possível que sejam antecipadas todas as dificuldades no projeto. A esse período chamamos de *ciclo de aprendizagem*.

3. b

4. d

5. d

Capítulo 5

1. Os recursos transformados são aqueles em que incidem as máquinas, as ferramentas e a mão de obra na obtenção do processo de transformação para a geração do produto final.

2. Os recursos de transformação são aqueles proporcionados pela organização e que serão aplicados sobre os materiais, os insumos, ou seja, são as máquinas, a mão de obra, os equipamentos e outros incidentes.

3. c

4. a

5. d

Capítulo 6

1. Devemos utilizar a manufatura integrada por computador quando queremos automatizar as atividades de informação para o processo de manufatura, conectando e integrando a tecnologia de informação.

2. As linhas automatizadas de fluxo são idealizadas para incluir diversas máquinas automatizadas, unidas por outras de transferência e da manipulação de peças. A máquina automatizada na linha usa alimentadores automatizados de matéria-prima e executa automaticamente as operações sem a necessidade de participação humana.

3. d

4. b

5. c

Capítulo 7

1. Existem dois padrões: o primeiro deles, utilizado no Brasil, é o padrão EAN – *European Article Numbering*; o segundo, utilizado nos EUA e no Canadá, é o UPC – *Universal Product Code*.

2. A grande diferença entre ambos é que o código de barras necessita de um leitor óptico para a interpretação de seus dados, enquanto a etiqueta não; a etiqueta requer apenas um leitor de radiofrequência. Dadas as características da etiqueta eletrônica, ela permite maior armazenamento de dados, podendo incluir outras especificações do fabricante, como o nome do cliente (imagine um produto fabricado para você com seu nome). A etiqueta eletrônica ainda não é utilizada em larga escala devido ao custo unitário elevado, em comparação ao código de barras.

3. c

4. d

5. b

Capítulo 8

1. Num comando em malha fechada, característico de um controle automático, a variável controlada (velocidade, força etc.) deve estar sempre em torno de um valor desejado previamente estabelecido. À medida que existe um desvio da variável controlada, um sinal de erro aparece pela comparação entre a variável de referência e a variável controlada. Esse sinal de erro atua sobre o sistema de regulação que é responsável pela emissão do sinal de autocorreção.

2. *Encoders* são dispositivos necessários em todas as aplicações que envolvem a determinação de valores, tais como rotação, velocidade, aceleração e percurso. São muito utilizados na área de engenharia mecânica, de transportes, de logística e de fabricação. Conferem precisão, confiabilidade e flexibilidade aos sistemas.

3. d

4. c

5. c

Capítulo 9

1. Robô industrial é um manipulador multifunção desenhado para mover materiais, componentes ou outros dispositivos por meio de movimentos programáveis, destinados à execução de uma variedade de tarefas.

2. *Grippers* são dispositivos fixados na extremidade dos robôs e que executam uma determinada função. Os *grippers* podem ser: *grippers* mecânicos, nos quais a parte é agarrada entre dedos mecânicos e os dedos que atuam mecanicamente; *grippers* a vácuo, no qual são usados copos de sucção para segurar objetos planos; dispositivos magnéticos, para segurar partes ferrosas; dispositivos adesivos, em que uma substância adesiva é usada para segurar um material flexível, como tecidos.

3. b

4. b

5. c

Capítulo 10

1. Manutenção preventiva; manutenção preditiva; manutenção produtiva total; manutenção predial.

2. A manutenção automática é aquela realizada parcialmente por dispositivos eletrônicos pré-programados para realizá-la, como a instalação de sensores para a troca rápida e automática de ferramentas em que o desgaste atingiu o ponto de troca.

3. c

4. d

5. b

[sobre os autores]

ROBSON SELEME é mestre em Engenharia de Produção (2000) pela Universidade Federal de Santa Catarina (UFSC) e doutor em Engenharia de Produção (2008) pela mesma universidade. Concluiu o MBA Internacional em Finanças (1999) pelo Instituto Superior de Pós-Graduação (ISPG/PR) e graduação em Engenharia Civil (1983) pela Universidade de Mogi das Cruzes. É professor de pós-graduação da Universidade Federal do Paraná (UFPR), da Pontifícia Universidade Católica do Paraná (PUCPR), do Instituto Brasileiro de Pós-Graduação e Extensão (Ibpex), da Faculdade de Estudos Sociais do Paraná (Fesp) e da Universidade Tuiuti do Paraná (UTP).

Coordenou os cursos de Engenharia de Produção e Civil da Faculdade Educacional de Araucária e os cursos de pós-graduação do Centro Universitário Uninter. Atuou como professor em educação a distância (EaD) nos cursos de Gestão da Produção Industrial e Logística do Centro Universitário Uninter. Coordenou os cursos de pós-graduação em Engenharia de Produção Presencial e em EaD. É professor da UFPR no curso de Engenharia de Produção e tem experiência nas áreas de administração e engenharia, com ênfase em implantação de Sistemas de Informação Gerencial, inteligência organizacional e qualidade, atuando principalmente nos seguintes temas: sistemas financeiros, sistemas de produção, sistemas de planejamento e projetos, transporte, análise logística e bens e serviços.

ROBERTO BOHLEN SELEME possui graduação em Engenharia Elétrica (1986) pela Universidade de Mogi das Cruzes, MBA Internacional em Finanças (2000) pelo ISPG/PR e mestrado em Administração (2006) pela Universidade Positivo (UP). Atualmente, é presidente/diretor financeiro da HRG Engenharia Ltda., supervisor de Infraestrutura em EaD, coordenador do curso superior de Tecnologia em Logística na modalidade a distância, coordenador de pós-graduação dos cursos de Engenharia da Produção e Gestão de Projetos – ênfase em PMI, na modalidade EaD, do Centro Universitário Uninter, professor-mestre de ensino presencial e EaD dessa mesma instituição, professor dos cursos de MBA pós-graduação do Ibpex. Tem experiência na área de administração, atuando principalmente nos seguintes temas: gestão financeira, gestão do terceiro setor, gestão pública e gestão de projetos e mercado de capitais.

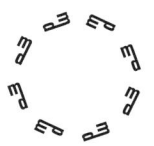

Impressão: Gráfica Exklusiva
Junho/2019